Mario Junkes

Kohl und Rüben

Jede Menge leckere und sättigende Gerichte

REGIONALIA
VERLAG

Impressum

Mario Junkes
Kohl und Rüben
Jede Menge leckere und
sättigende Gerichte

1. Auflage 2024

Regionalia Verlag,
ein Imprint der Kraterleuchten GmbH,
Gartenstraße 3, 54550 Daun

Verlagsleitung: Sven Nieder

Korrektorat: Verlag
Gestaltung, Satz: Kerstin Fiebig
Umschlag: Kerstin Fiebig

Hergestellt in der Europäischen Union, Finidr, CZ

MIX
Papier aus verantwortungsvollen Quellen
FSC® C014138

ISBN 978-3-95540-414-7
www.regionalia-verlag.de

Bildnachweise
Titel: iStock _ AnnaPustynnikova, wikimedia_Public Domain,
Innenteil: iStock _ sveta_zarzamora, GMVozd (2x), bhofack2, Liudmila Chernetska, etorres69, Seva_blsv (2x), LauriPatterson (2x), Ledernase, rudisill, Bartosz Luczak, NataBene, Dar1930, bit245, Bouillante, jerrydeutsch, JIE GAO, MmeEmil, Isabella Calabrese, VIKTORIIA DROBOT, piolka, Floortje, VITALII BORKOVSKYI, Galina Loginova, Secha6271, CatLane, Jun Zhang, Anna_Shepulova, zhikun sun, ALLEKO, Elena Rui, ivanmateev, vicuschka.

Mario Junkes

Kohl und Rüben

Jede Menge leckere und sättigende Gerichte

REGIONALIA
VERLAG

Inhalt

Einleitung

BRASSICA UND BETA – SEIT JAHRTAUSENDEN BELIEBT

Milliarden Menschen kennen und schätzen Kohl und Rüben

Liebe Küchen- und Kochgemeinde,

wenn ich als Kind in den 1970ern oder 80ern müde von der Schule nach Hause kam, stand das Essen gleich auf dem Tisch, auch wenn die Mutter zur Arbeit war. Entweder durfte man zur Oma oder zur Tante, nur noch schnell die Hände waschen und schon stand ein dampfender Teller bereit.

Ob Wirsing oder Möhren, ob Blumenkohl oder Pastinaken, Brokkoli oder der Mittwochs-Eintopf, die Akkus waren schnell wieder aufgeladen. Selbst der ungeliebte Rosenkohl fand Anklang, nachdem Oma ihn schnell mit Kartoffeln gestampft oder grob püriert hatte. Außerdem gab es ja noch Frikadellen oder Bratwurst dazu. Heute genügt mir eine Scheibe Brot oder auch ein altes Brötchen – dem somit die Wandlung zum Paniermehl erspart bleibt. Auch wenn niemand zu Hause war, hätte der Vorgang kaum einfacher sein können: Alle in diesem Buch verwendeten Rezepte eignen sich zum Aufbewahren im Kühlschrank – ob im »Tupperdippen«, Steintopf oder Einmachglas. Selbst drei Tage später: Kühlschrank auf, Portion auf den Teller, zwei Minuten in die Mikro – fertig!

Seit 300.000 Jahren sichern wir Menschen unser Morgen, in dem wir mit wenig Aufwand einen bestmöglichen Ertrag erzielen. Das moderate Klima Europas liefert einen entscheidenden Beitrag dazu, dass uns dies tagein, tagaus möglich ist. Unsere Großmütter und Tanten haben die Zubereitung von Kohl und Rüben in der Regel mit den eigenen Händen bewerkstelligt: Waschen, Putzen, Schneiden, Zubereiten, Tisch decken, Servieren, Abräumen, Spülen, Abtrocknen, Einräumen – in der Regel nach unwesentlichen Kleinigkeiten wie Umgraben, Säen, Aufziehen, Pflegen und Ernten, alles im eigenen Garten.

Für Stadtmenschen ist letzteres schwer möglich und auch für die Vorbereitung ist nicht immer Zeit. Körbchen und Packung, Glas und Dose aus dem Handel sind eben die Mittel, wie Menschen wie wir in der Moderne bestehen. Aber immer gilt: Sie bestimmen, Sie sind Chef oder Köchin, Sie entscheiden, was, wie viel, warum, wann und vor allem: mit wem Sie Ihre Mahlzeiten teilen.

~~~

Das Kreuzblütlergewächs Kohl wurde bereits in der Antike von Griechen wie von Römern kultiviert und ist damit eine der ältesten Gemüsesorten, die von Menschen genutzt wird. Wild wachsender Kohl diente bereits unseren Vorfahren in der Steinzeit als Nahrungsmittel – auch wenn die Pflanzen damals vermutlich kleiner und weniger ertragreich waren. Mit Beginn der Kultivierung wurden gewünschte Eigenschaften verstärkt und unerwünschte zum Verschwinden gebracht.

Spätestens im Mittelalter fand Kohl den Weg in das heutige Deutschland, wurde innerhalb weniger Jahrhunderte fester Bestandteil der Nahrung. Bereits im Jahre 795 wurde in der Landgüterverordnung Karls des Großen festlegt, welche insgesamt 73 Nutzpflanzen und Heilkräuter in kaiserlichen Gütern angepflanzt werden sollten:

20b: weiße Zaunrübe · 56a: Stoppelrübe · 56b: Kohlrabi · 57: Kohl

Der Kaiser wusste, was gut war. Auch in Norddeutschland fand der Kohl ideale Wachstumsbedingungen vor. Kohl ist nicht sehr anspruchsvoll, liebt nährstoffreiche Böden und braucht eine regelmäßige Wasserversorgung. In den deutschen Küstenregionen
~~~

gedieh er besonders prächtig. Alle Kohlsorten, egal ob Weiß-, Rot-, Grün- oder Blumenkohl, sind gesund. Sie sind reich an Vitaminen, Mineral- und Ballaststoffen, haben aber kaum Kalorien. Gleiches gilt für Rüben, die in Kombination mit Kohl eine gesunde Basis des Speiseplans darstellen.

~~~

EIN PAAR TIPPS UND HINWEISE

Achten Sie beim Kauf von Kohl immer auf Frische. Alter Kohl verliert an Geschmack und wertvollen Vitaminen. Prüfen Sie oder lassen Sie sich gegebenenfalls beraten. (Wenn ich unsicher bin, schaue ich, was ältere Damen im Einkaufswagen haben. Deren Erfahrung ist üblicherweise Gold wert.)

Bei der Portions-Planung gehe ich als Single immer davon aus, einen Teil für die nächste Zeit aufzubewahren, damit ich nicht auf teure Kleinpackungen angewiesen bin. Allerdings habe ich wegen stetig steigender Energiekosten die Kühltruhe schon vor Jahren abgeschafft. Hätte ich eine größere Familie zu versorgen, wäre mir die Kühltruhe die Kosten allerdings wert. Meine Lieben sollen bestens versorgt sein und sich wohlfühlen.

Manche mögen den Geruch von Kohl beim Kochen nicht. Wer Kohlgeruch vermeiden möchte, gebe etwas Essig ins Kochwasser.

Kohl kann zu Blähungen führen. Gewürze wie Anis, Fenchel oder Kümmel können übermäßiger Gasbildung entgegenwirken.

Die meisten Rüben, Wurzeln und Karotten muss man nicht schälen, wenn man dem Anbieter vertraut. Ein gutes Argument für den Bio-Laden. Ansonsten auf Nummer sicher gehen und schälen.

Bei der Zubereitung von Kohl- und Rüben-Gerichten ein wenig Fett, Öl, Schmalz oder Butter verwenden– auch schon im Kochwasser, wenn das Gemüse nur blanchiert oder abgekocht wird. So werden die Vitamine vom Körper auch aufgenommen.
~~~

Generell sollten Sie frisches Gemüse möglichst bald aufbrauchen. Wenn es jedoch in den Kühlschrank soll, nehmen Sie einen luftdicht verschließbaren Plastikbehälter, oder schlagen Sie es in feuchte Küchentücher ein. Falls Sie Kohl einfrieren möchten, blanchieren Sie ihn kurz in heißem Wasser, schrecken ihn in kaltem Wasser ab, tupfen ihn gut trocken, packen ihn in Gefrierbeutel und lagern ihn gut verschlossen im Eisfach.

Vermeiden Sie eine lange Kochzeit, weil das Gemüse zahlreiche wertvolle Inhaltsstoffe verliert. Bissfestes Gemüse ist nicht jedermanns Sache, aber vielleicht hilft bereits eine kurze Erklärung zu den Vorteilen, um Kritiker zu überzeugen. Wenn jemand es trotzdem weniger knackig mag, verlängern Sie die Garzeit. Grundsätzlich essen wir nicht nur wegen der Nährstoffe, sondern auch aus Freude am Genuss.

Fleisch oder Fisch kann man jederzeit weglassen oder hinzufügen, je nachdem, was Gästeliste und Geldbeutel suggerieren. Auch andere deftige Zutaten können weggelassen werden, wenn der Gaumen es so möchte.

Außerdem darf man jederzeit um Rat fragen, zum Beispiel am Wochenmarkt oder im Bio-Laden. Nicht nur findet man dort schnell brauchbare Hilfe, erfährt das eine oder andere Rezept, sondern lernt auch nette Menschen kennen.

Die unverwüstliche Tupperware ist eine gute Möglichkeit, Reste im Kühlschrank haltbar zu machen. Auch das bewährte Einmachglas oder der kleine Steintopf mit Deckel helfen dabei, Frische zu bewahren.

Es gibt hunderttausende Rezepte zu Kohl und Rüben auf unserer Erde. Vertrauen Sie sich selbst und Sie werden stets lecker kochen.

Möge dieses bescheidene Buch Ihnen hilfreiche Anregung sein.
Bleiben Sie gesund.

Trier, im Juni 2024
Ihr Mario Junkes

Blumenkohl

Der Blumenkohl stammt ursprünglich aus Asien und wurde über die Levante nach Europa gebracht, wo er seit etwa vier Jahrhunderten überall angebaut wird und in Deutschland von Juni bis Oktober frisch verfügbar ist. Blumenkohl ist ein Rundum-Talent, das in keiner Küche fehlen sollte.

WORAUF SIE BEIM EINKAUF ACHTEN SOLLTEN

Frischer Blumenkohl hat feste, geschlossene weiße Röschen, knackig-grüne Blätter und einen saftigen Strunk. Die weißen Röschen sollten frei von braunen Flecken sein. Wird Blumenkohl ohne Blattwerk angeboten, ist er in der Regel bereits älter. Braune, grüne und gelbe Flecken auf den weißen Röschen stammen von Sonneneinstrahlung und unsachgemäßer Lagerung.

BLUMENKOHL PUTZEN

Zunächst die äußeren Blätter entfernen. Blattansatz und Strunkende abschneiden. Die Blumenkohlröschen anschließend mit einem kleinen Messer rundherum vom Strunk trennen, unter fließendem Wasser waschen und in einem Sieb abtropfen lassen. Die kleinen, zarten Blättchen zwischen den Röschen enthalten besonders viele Vitalstoffe.

WEITER GEHT'S

Den Strunk können Sie kleingeschnitten mitkochen. Er gibt einen intensiveren Geschmack. Soll der Kohlkopf im Ganzen gegart werden, den Strunk kreuzweise einschneiden, den Kopf waschen bzw. 10 Minuten in Salzwasser legen, um evtl. vorhandene Schädlinge zu entfernen. Das Zufügen von etwas Milch oder Zitronensaft ins Kochwasser bewirkt, dass Blumenkohl beim Garen seine weiße Farbe behält. Die Kochzeit von Blumenkohl ist variabel, sie richtet sich in erster Linie nach Ihren Vorlieben.

Bereiten Sie einen ganzen Blumenkohl zu, benötigt dieser bei mittlerer Hitze eine Kochzeit von etwa 20–25 Minuten. Durch Einstechen mit einem spitzen Messer, ähnlich wie bei Kartoffeln, können Sie erkennen, wie weich der Kohl bereits ist. Die einzelnen Röschen sind deutlich schneller gar, diese brauchen etwa 10–15 Minuten, bis sie bissfest sind. Mögen Sie das Gemüse lieber weicher, erhöht sich die Garzeit entsprechend.

Im Kühlschrank kann Blumenkohl bis zu drei Tage aufbewahrt werden. Blätter bitte vor dem Aufbewahren entfernen, denn sie entziehen dem Kohl Wasser. Möchten Sie Blumenkohl länger lagern, blanchieren Sie die einzelnen Röschen, schrecken diese anschließend in Eiswasser ab und frieren sie in Tiefkühlbeuteln ein.

TIPP

Blumenkohl schmeckt sehr gut mit frisch geriebener Muskatnuss. Auch Nussbutter ist ein echter Bringer, stets verfügbar und leicht hergestellt: Die gewünschte Menge Butter in einem kleinen Topf zum Schmelzen bringen, bis sie eine goldbraune Farbe annimmt, durch ein Passiertuch geben und gleich verwenden – oder in einem Glas im Kühlschrank aufbewahren.

BONUS-TIPP

Blumenkohl kann roh gegessen werden. Nach dem Putzen für 10 Minuten in Salzwasser legen, um ihn zu desinfizieren und von Ungeziefer zu befreien. Roh gegessen liefert er Ihnen 100 Prozent seiner Nährstoffe – und man spart Energie.

Blumenkohlsuppe

Für 4 Personen ~ Zubereitungszeit: 30 Minuten ~ Kochzeit: etwa 25 Minuten

Zutaten

1 Blumenkohl · 2 Schalotten · 250 g Kartoffeln · 1 EL Butter · Salz · 200 ml Sahne 2 EL Rosinen · 2 EL Öl · 50 g Semmelbrösel · 2 EL gehackte Petersilie · Getrocknete Chiliflocken · Pfeffer · Muskatnuss · 3 TL Zitronensaft · Etwas Olivenöl

Zubereitung

1. Den Blumenkohl wie beschrieben putzen und in kleine Röschen teilen. Die Blumen schälen und fein würfeln. Die Kartoffeln schälen, Schalotten waschen und in nicht zu kleine Würfel schneiden.

2. Die Butter in einem Topf auslassen und die Schalotten darin glasig dünsten. Blumenkohl und Kartoffeln zugeben, 2 Minuten andünsten und salzen. Sahne und einen Liter Wasser zugießen, das Ganze einmal aufkochen und mit geschlossenem Deckel bei kleiner Hitze 20–25 Minuten garen. Währenddessen die Rosinen hacken. Das Öl in einer Pfanne erhitzen und die Semmelbrösel mit Petersilie und Rosinen leicht rösten, mit Salz und Chiliflocken würzen.

3. Die Suppe mit dem Mixstab fein pürieren, mit Salz, Pfeffer, Muskatnuss und Zitronensaft abschmecken. Die Blumenkohlsuppe mit der Semmelbrösel-Mischung bestreut und mit Olivenöl beträufelt servieren.

Herzhafter Blumenkohlauflauf

Für 4 Personen ~ Zubereitungszeit: 30 Minuten ~ Kochzeit: etwa 30 Minuten

Zutaten

1 Blumenkohl · 3 Möhren · 1 Zwiebel · Salz · 1 EL Öl · 400 g Schweinemett · Pfeffer
2 EL Butter · 30 g Mehl · 100 ml Sahne · 150 g geriebener Käse, Sorte nach Belieben
Muskatnuss · 1 EL gehackte Petersilie

Zubereitung

1. Blumenkohl wie beschrieben putzen und in kleine Röschen teilen. Möhren schälen, waschen und würfeln. Die Zwiebel schälen und fein würfeln.

2. Blumenkohl und Möhren in etwa 750 ml kochendes Salzwasser geben, darin 8 Minuten garen. Anschließend aus dem Wasser nehmen, den Gemüsefond beiseitestellen.

3. Das Öl in einer Pfanne erhitzen und die Zwiebel mit dem Mett darin 5 Minuten anbraten. Mit Pfeffer würzen.

4. Die Butter in einem kleinen Topf auslassen und das Mehl darin anschwitzen. Etwa 500 ml heißen Gemüsefond unter ständigem Rühren zufügen, die Mehlschwitze mit Sahne verfeinern. Die Hälfte des Käses dazugeben und darin schmelzen. Mit Salz, Pfeffer und Muskat abschmecken.

5. Den Backofen auf 200° C vorheizen. Gemüse und Mett in eine Auflaufform füllen und die Käsesoße darüber gießen. Den übrigen Käse darüber streuen. Den Auflauf im Backofen etwa 20 Minuten überbacken. Mit Petersilie bestreut heiß servieren.

Blumenkohlpüree mit Schweinemedaillons

Für 4 Personen ~ Zubereitungszeit: 30 Minuten ~ Kochzeit: etwa 23 Minuten

Zutaten

1 Blumenkohl · Salz · 70 g weiche Butter · Muskatnuss
1 EL gehackte Petersilie · 12 Schweinefiletmedaillons, je ca. 50 g
Pfeffer · 3 EL Öl

Zubereitung

1. Blumenkohl wie beschrieben putzen und in kleine Röschen teilen. Blumenkohlröschen in kochendem Salzwasser etwa 15 Minuten garen.
Blumenkohl abseihen, gut abtropfen lassen und mit der Butter mit dem Schneidestab sehr fein pürieren. Mit Salz und Muskatnuss abschmecken.
Petersilienblätter unter das Püree rühren, warmhalten.

2. Schweinefiletmedaillons waschen, trocken tupfen, salzen und pfeffern. Das Öl in einer Pfanne erhitzen und die Medaillons darin bei mittlerer Hitze rundherum etwa 8 Minuten braten. Das Püree mit den Schweinemedaillons auf Tellern anrichten und heiß servieren. Dazu schmecken gebackene Kartoffeln.

Blumenkohlsalat

Für 4 Personen ~ Zubereitungszeit: 30 Minuten ~ Kochzeit: etwa 10 Minuten

Zutaten

1 Blumenkohl · Salz · 4 Eier (nach Belieben) · 100 g Frühstücksspeck · 1 EL Öl
1 TL Zucker · 2 TL Senf · 100 ml Essig · Pfeffer · 3 Schalotten · 1 Bund Rauke

Zubereitung

1. Blumenkohl putzen, in kleine Röschen teilen und in kochendem Salzwasser 8 Minuten bissfest garen. Abseihen und abtropfen lassen. Die Eier zeitgleich in etwa 8 Minuten wachsweich kochen. Abgießen, unter kaltem Wasser abschrecken und pellen.

2. Das Öl in einer Pfanne erhitzen und die Speckscheiben darin knusprig braten, aus der Pfanne nehmen und auf Küchenpapier abtropfen lassen.

3. Den Zucker in das heiße Speckfett einstreuen und kurz darin karamellisieren. Den Senf unterrühren, mit Essig ablöschen, das Ganze einmal aufkochen und 2–3 Minuten bei mittlerer Hitze köcheln lassen. Kräftig mit Salz und Pfeffer abschmecken.

4. Die Schalotten schälen und in dünne Spalten schneiden. Rauke waschen, gut abtropfen lassen, putzen und in Streifen schneiden. Blumenkohl mit Schalotten und Rauke in eine Schüssel geben und mit der Vinaigrette vermengen. Den Blumenkohlsalat in tiefen Tellern anrichten.

5. Wenn gewünscht, die Eier halbieren und jeweils zwei Eihälften auf einen Teller legen. Etwas Speck darauf verteilen und mit frisch gemahlenem Pfeffer bestreut servieren.

Brokkoli

Brokkoli hat einen deutlich intensiveren Geschmack als Blumenkohl. In Kleinasien schon lange bekannt, erreichte er die italienische Küche bereits im 16. Jahrhundert, gelangte aber erst deutlich später nach Mitteleuropa.

WORAUF SIE BEIM EINKAUF ACHTEN SOLLTEN

Frischen Brokkoli erkennen Sie an der dunkelgrünen Färbung seiner Röschen. Der Kohlkopf sollte recht hart sein, die Röschen müssen geschlossen und dürfen noch nicht gelb sein.

BROKKOLI PUTZEN

Schneiden Sie den Kopf mit den Röschen vom Strunk ab und teilen Sie ihn dann in gleichmäßig große Röschen auf.

ÜBRIGENS

Essbar sind nicht nur die Röschen, sondern auch der Strunk. Schälen Sie mit einem Messer die holzige Rinde vom Strunk ab und schneiden Sie ihn in Stücke. Waschen Sie nun die Röschen und die Strunkteile.

Da Brokkoli nach der Ernte noch aufblühen kann, sollten Sie ihn unbedingt kühl und dunkel lagern. Dazu am besten in Frischhaltefolie eingewickelt im Gemüsefach des Kühlschranks aufbewahren, jedoch höchstens drei Tage.

Brokkoli welkt recht schnell, wodurch er seine wertvollen Nährstoffe verliert. Äpfel, Bananen und Tomaten beschleunigen das Welken von Brokkoli, weshalb sie nicht in seiner direkten Nähe liegen sollten. Brokkoli lässt sich auch einfrieren. Dazu zuerst, wie auch Blumenkohl, blanchieren, in Gefrierbeutel füllen und ab in die Tiefkühltruhe.

Grundsätzlich sollten Sie das Gemüse schonend und bei nicht zu großer Hitze garen, denn nur so bleiben die wertvollen Inhaltsstoffe erhalten.

TIPP

Wie auch beim Blumenkohl ist Muskatnuss ein schmackhaftes Gewürz für Brokkoli-Gerichte.

BONUS-TIPP

Auch Brokkoli kann roh gegessen werden. Nach dem Putzen für 10 Minuten in Salzwasser legen, um ihn zu desinfizieren und von Ungeziefer zu befreien. Roh gegessen liefert er Ihnen 100 Prozent seiner Nährstoffe – und man spart Energie. (Ich esse ihn mit Bio-Karotten als Zwischenmahlzeit, oder auch zum Sandwich.)

Brokkoli-Eintopf mit Würstchen

Für 4 Personen ~ Zubereitungszeit: 30 Minuten ~ Kochzeit: etwa 20 Minuten

Zutaten

750 g Brokkoli · 4 Möhren · 800 g Kartoffeln · 2 Zwiebeln · 1 EL Butter
2 l Gemüsebrühe · 1 EL gehackte Petersilie · Salz · Pfeffer · 4 Paar Wiener Würstchen, wahlweise auch Mettwürstchen oder Mettenden (nach Belieben vegan ersetzen)

Zubereitung

1. Brokkoli wie beschrieben putzen und in Röschen teilen. Möhren schälen, waschen und in Stücke schneiden. Kartoffeln schälen, waschen und die Hälfte in Würfel schneiden. Restliche Kartoffeln in kaltes Wasser legen.

2. Zwiebeln schälen und würfeln. Butter in einem großen Topf erhitzen und die Zwiebeln darin leicht anbraten. Kartoffeln und Möhren zufügen, kurz andünsten und mit Brühe ablöschen. Eintopf aufkochen, die Hitze reduzieren und etwa 10 Minuten köcheln lassen.

3. Die übrigen Kartoffeln fein reiben, zusammen mit dem Brokkoli in den Eintopf geben und weitere 5–10 Minuten bei mittlerer Hitze garen lassen. Petersilie in den Eintopf rühren, mit Salz und Pfeffer abschmecken.

4. Die Würstchen in einem Topf mit Wasser erhitzen. Den Eintopf in tiefe Teller füllen und die Würstchen separat servieren.

Brokkoli-Kartoffel-Püree mit Frikadellen

Für 4 Personen ~ Zubereitungszeit: 35 Minuten ~ Kochzeit: etwa 25 Minuten

Zutaten für die Frikadellen

1 Brötchen, vom Vortag · 1 Zwiebel · 800 g gemischtes Hackfleisch
2 TL Senf · 1 Ei · Salz · Pfeffer · 3 EL Öl

Für das Püree

800 g Brokkoli · 800 g Kartoffeln · 150 ml Milch · 50 g Butter · Muskatnuss

Zubereitung

1. Brötchen in kaltem Wasser einweichen, ausdrücken und mit den Händen etwas zerkleinern. Zwiebel schälen und fein würfeln. Hackfleisch mit Zwiebel, Brötchen, Senf und Ei verkneten, mit Salz und Pfeffer würzen. Acht Frikadellen formen.

2. Brokkoli putzen, Röschen vom Stiel schneiden. Stiel schälen, würfeln. Kartoffeln schälen, waschen, in grobe Stücke schneiden und in kochendem Salzwasser ca. 25 Minuten garen. 12 Minuten vor Ende der Garzeit den Brokkoli zufügen und garen lassen.

3. Das Öl in einer Pfanne erhitzen und die Frikadellen darin von dieser Seite bei mittlerer Hitze etwa 5–8 Minuten braten. Die Milch mit der Butter in einem Topf erhitzen. Kartoffeln und Brokkoli abgießen, grob zerstampfen und nach und nach die heiße Milch einrühren, bis ein sämiges Püree entsteht, mit Salz, Pfeffer und Muskat abschmecken. Brokkoli-Kartoffel-Püree mit Frikadellen auf Tellern anrichten und heiß servieren.

Brokkoli alla panna

Für 2 Personen ~ Zubereitungszeit: 10 Minuten ~ Kochzeit: 10 Minuten

Zutaten

1 kleiner Brokkoli, ca. 500 g · 1 Schalotte · 1 Zehe Knoblauch
1 EL Öl · Salz · Pfeffer

Zubereitung

1. Schalotte und Knoblauch in Scheiben schneiden und mit dem Öl bei geringer Temperatur in die Pfanne geben.

2. Brokkoli klein schneiden, hinzugeben und bei geschlossener Pfanne ca. 10 Minuten sanft garen. Wenn nötig, ab und zu mit etwas Wasser ablöschen.

3. Wer den Brokkoli etwas weicher mag, lässt ihn etwas länger drin. Mit Salz und Pfeffer abschmecken und heiß servieren.

Brokkoliauflauf mit Hackfleisch und Kartoffeln

Für 4 Personen ~ Zubereitungszeit: 30 Minuten ~ Kochzeit: etwa 50 Minuten

Zutaten

1 Brokkoli · 750 g Kartoffeln · 1 Zwiebel · 4 Möhren· 2 Stangen Staudensellerie
Salz · 2 EL Öl · 500 g Rinderhackfleisch · Pfeffer · 2 EL Tomatenmark
125 ml Gemüsebrühe · 2 EL Butter · 2 EL Mehl · 150 ml Sahne · Muskatnuss
100 g geriebener Käse (z.B. Appenzeller) · 1 EL gehackter Kerbel

Zubereitung

1. Brokkoli wie beschrieben putzen und in kleine Röschen teilen. Die Kartoffeln waschen und 15–20 Minuten in reichlich kochendem Wasser garen. Abgießen, mit kaltem Wasser abschrecken und pellen. Etwas abkühlen lassen, in Scheiben schneiden und beiseitestellen.

2. Zwiebel schälen und würfeln. Möhren schälen, waschen und würfeln. Sellerie putzen, waschen und ebenfalls in kleine Würfel schneiden.
Brokkoli in kochendes Salzwasser geben und bei geschlossenem Deckel etwa 8–10 Minuten köcheln lassen. Anschließend abseihen, Gemüsefond dabei auffangen, die Röschen abtropfen lassen.

3. Das Öl in einem Topf erhitzen und die Zwiebel mit dem Hackfleisch darin kräftig anbraten. Möhren und Sellerie zufügen, mit Salz und Pfeffer würzen. Tomatenmark unterrühren, mit der Gemüsebrühe ablöschen und 10 Minuten bei starker Hitze einkochen. Backofen auf 200° C vorheizen.

4. Butter in einem kleinen Topf schmelzen und das Mehl darin anschwitzen, Den heißen Brokkolisud nach und nach unter kräftigem Rühren dazugeben, bis eine cremige Soße entsteht. Sahne unterrühren, mit Salz, Pfeffer und Muskat würzen. Die Hälfte des Käses in der Soße schmelzen.

5. Brokkoli, Kartoffeln und Hack in eine große Auflaufform füllen. Mit der Käsesoße übergießen und mit dem übrigen Käse bestreuen. Im Backofen 25–30 Minuten überbacken. Mit Kerbel bestreut servieren.

Chinakohl

Chinakohl ist mild im Geschmack und in der Küche vielseitig verwendbar. Auch Blätter- oder Pekingkohl genannt, wurde er bereits im 5. Jahrhundert in China gezüchtet, gelangte jedoch erst im 20. Jahrhundert nach Europa. Die in ihm enthaltenen Aminosäuren und Senfglykoside sind gesundheitsfördernd und sorgen für eine leichte Verdaulichkeit, weshalb Chinakohl sehr bekömmlich ist.

WORAUF SIE BEI IHREM EINKAUF ACHTEN SOLLTEN

Die oval geformten Kohlköpfe mit den krausen Blättern können gelb- bis grüngefärbt sein. Frischer Kohl fühlt sich fest an und verfügt über eine helle, saftige Schnittfläche. Achten Sie auf geschlossene Köpfe mit festen, knackigen Blättern. Im Kühlschrank ist Chinakohl einige Tage lang haltbar.

CHINAKOHL PUTZEN

Sie müssen in der Regel nur die äußeren Blätter entfernen und können die Blätter zerteilen oder in Streifen schneiden, waschen und abtropfen lassen.

ÜBRIGENS

Damit der Kohl knackig bleibt und seine wertvollen Inhaltsstoffe behält, sollten Sie ihn immer nur so kurz wie nötig garen – er braucht nicht länger als 5–7 Minuten.

Vegetarische Chinakohlrouladen

Für 4 Personen ~ Zubereitungszeit: 35 Minuten ~ Kochzeit: etwa 35 Minuten

Zutaten

2 Zwiebeln · 1 Chinakohl · 200 g Champignons · 2 EL Öl · 150 g Reis · 750 ml Gemüsebrühe · 500 g stückige Tomaten (aus der Dose) · Salz · Pfeffer · Getrockneter Majoran 30 g Butter · 30 g Mehl · 250 ml Milch · 150 g geriebener Käse, Sorte nach Belieben 1 EL gehackte Petersilie · etwas Butter für die Auflaufform

Zubereitung

1. Zwiebeln schälen und fein würfeln. Chinakohl putzen und 12 (oder 24) große Blätter abnehmen. Die Mittelrippen etwas flach abschneiden, damit sich die Blätter besser rollen lassen. Kohlblätter kurz in kochendem Wasser 2–3 Minuten blanchieren, herausnehmen und abtropfen lassen. Die Champignons putzen und in Scheiben schneiden.

2. Das Öl in einem Topf erhitzen und die Zwiebeln darin glasig andünsten. Reis dazugeben, kurz andünsten und mit 375 ml Brühe ablöschen. Die Tomaten dazugeben, mit Salz, Pfeffer und Majoran abschmecken. Etwa 20 Minuten garen, bis der Reis fertig ist. Hin und wieder umrühren. Am Ende sollte die Flüssigkeit verdampft sein. Währenddessen die Butter in einem Topf auslassen und die Pilze darin anbraten. Mit Mehl bestäuben und mit der restlichen Brühe ablöschen. Die Milch und die Hälfte des Käses unterrühren, mit Salz und Pfeffer abschmecken. Backofen auf 180° C vorheizen.

4. Den Reis auf die ausgebreiteten Kohlblätter verteilen, Blätter aufrollen. Rouladen in eine mit Butter eingefettete Auflaufform legen, die Pilzsoße und den übrigen Käse darüber geben. Im Backofen etwa 10–15 Minuten überbacken. Mit Petersilie bestreut in der Form servieren. Dazu ein frisches Bauernbrot oder Bratkartoffeln reichen.

Chinakohlsalat mit Fleisch

Für 4 Personen ~ Zubereitungszeit: 35 Minuten ~ Kochzeit: 8 Minuten

Zutaten

1 Chinakohl · 2 kleine Dosen Mandarinen · 200 g Joghurt · 2 EL Öl
Salz · Pfeffer · 600 g Putenbrust · 2 EL Mehl · 1 Ei · 4–5 EL Paniermehl
2 EL Butterschmalz · 2 EL Schnittlauch

Zubereitung

1. Den Kohl wie beschrieben putzen, in feine Streifen schneiden, waschen und abtropfen lassen. Mandarinen abgießen, den Saft auffangen.

2. Joghurt mit 3–4 Esslöffeln Saft und dem Öl verrühren, den Kohl unterziehen und mit Salz und Pfeffer würzen.

3. Das Fleisch waschen, trocken tupfen und in 2 cm dicke Streifen schneiden. Streifen zuerst in Mehl, dann in Ei und abschließend in Paniermehl wenden.

4. Das Butterschmalz in einer Pfanne erhitzen und die Fleischstreifen darin in etwa 8 Minuten von allen Seiten knusprig braun braten. Den Salat auf flache Teller geben, das Fleisch darauf anrichten und mit Schnittlauch bestreut servieren. Dazu frisches Baguette reichen.

Hühnersuppe mit Chinakohl

Für ca. 10 Portionen ~ Zubereitungs- und Kochzeit: 3–4 Stunden

Dies ist ein Rezept meines ehemaligen koreanischen Nachbarn Mr. Chang. Wir haben es zwei- bis drei Male pro Winter gemacht. Er habe es aus seiner Militärzeit in China mitgebracht und deshalb nenne ich es »Chang's Chinese Chicken Consommé«.

Zutaten für die Suppe

1 Hahn oder Huhn, frisch oder gefroren · 3 Liter Wasser · 1 EL Salz
2 kleine Chinakohl · 500 g Karotten · 2 große Zwiebeln · 1 Stange Lauch
Entenfett (oder Olivenöl)

Für das Essen

250 g Bruchreis für 2 Portionen
Sambal Oelek nach Belieben

Zubereitung

1. Geflügel gut waschen und gut drei Stunden so langsam wie möglich kochen. Dann das Fleisch von den Knochen lösen, salzen und Fleisch wieder in den Topf geben.

2. Zwiebeln, Lauch und Karotten würfeln und im Entenfett kurz scharf anbraten, bis sich eine leichte Bräune zeigt. Platte ausschalten, fünf Minuten ziehen lassen und dann in den Topf geben.

3. Eine halbe Stunde köcheln lassen, Platte ausschalten, dann den in 2 cm dicke Streifen geschnittenen Chinakohl hinzugeben und eine weitere halbe Stunde ziehen lassen.

4. Reis mit wenig Wasser kochen, in zwei Schüsselchen verteilen, die heiße Suppe hinzugeben und ein paar Minuten ziehen lassen. Mit Sambal Oelek abschmecken. Mr. Chang nahm stets zwei Esslöffel auf eine Schale Reis, mir reichte ein halber Teelöffel.

5. Den Rest entweder in den nächsten Tagen verbrauchen oder in kleinen Portionen einfrieren.

Kimchi

Für ca. 30 Portionen ~ Zubereitungszeit: 3–10 (!) Tage

Dies ist das Rezept einer betagten koreanischen Bekannten von Mr. Chang. Sie hat stets betont, wie wichtig es sei, den Chinakohl so lange wie möglich reifen zu lassen. Nur so – und in einem Steintopf – könne er durch das Fermentieren seinen unvergleichlich intensiven Geschmack entwickeln.

Zutaten

1 großer Chinakohl · 3 EL Salz · 4 Frühlingszwiebeln (oder Lauch)
5 cm großes Ingwer-Stück · 4 Knoblauchzehen · 2 Karotten · 1 EL Agavendicksaft
4 Lorbeerblätter · Sambal Oelek

Zubereitung

1. Den Strunk entfernen und Chinakohl in 3 cm breite Streifen schneiden. In eine Schüssel mit Salzwasser geben und bedeckt eine Nacht einweichen lassen. Am nächsten Tag den Kohl gut abtropfen lassen und kurz unter frischem Wasser waschen.

2. Frühlingszwiebeln in dünne Ringe schneiden, Knoblauch fein hacken, Ingwer und Karotten fein hobeln. Zusammen mit den Lorbeerblättern und dem Agavendicksaft vermischen. Sambal Oelek nach Belieben hinzufügen.

3. Alles gut vermengen, dann mit dem Kohl in einen Steintopf geben und – am besten mit Gummihandschuhen – alles (wie Pizzateig) gut durcharbeiten, sodass der gesamte Chinakohl mit den Zutaten in Berührung kommt.

Nun wird es spannend

4. Den Chinakohl vollständig mit den Zutaten und ggf. etwas Wasser bedecken, Steintopf mit einem Deckel verschließen und bei Zimmertemperatur ziehen lassen – so lange, wie man sich traut, aber mindestens zwei Tage. Es empfiehlt sich ein langsames Vortasten, denn man kann beim nächsten Mal alles einen Tag länger ziehen lassen, wenn gewünscht.

5. Das Kimchi danach im Glas im Kühlschrank aufbewahren, wo es sich mehrere Wochen hält.

감사해요 장 씨 (Gamsahaeyo – danke – Mr. Chang.)

Grünkohl

Der Winterkohl hat einen würzigen, leicht süßlichen Geschmack. Bereits von Griechen und Römern im 3. Jahrhundert kultiviert, stammt der Grünkohl wie alle Kohlsorten vom Wildkohl ab. Grünkohl ist ein überaus gesundes und hoch basisches Gemüse. Er ist reich an Kalzium, Eisen, Vitamin K und Vitamin C, liefert eine Menge antioxidativ wirksamer Pflanzenstoffe und ist wie alle Kohlsorten fett- und kalorienarm.

WORAUF SIE BEI IHREM EINKAUF ACHTEN SOLLTEN

Die krausen Kohlblätter sollten einen satten Grünton aufweisen und knackig sein. Im Kühlschrank ist er vier bis fünf Tage haltbar. Sie können ihn aber nach dem Putzen auch einfrieren. Blanchieren Sie ihn dazu einige Minuten in kochendem Salzwasser und schrecken ihn danach mit kaltem Eiswasser ab. Nach dem Abkühlen luftdicht verpacken und einfrieren.

GRÜNKOHL PUTZEN

Die einzelnen Blätter vom Strunk abbrechen bzw. abschneiden. Das Blattgrün der einzelnen Blätter entlang des Stiels bzw. der dicken mittleren Blattrippe abstreifen. Waschen Sie den Kohl gründlich. Anschließend werden die Blätter in Streifen oder mundgerechte Stücke geschnitten.

Grünkohlsuppe Norddeutsche Art

Für 4 Personen ~ Zubereitungszeit: 35 Minuten ~ Kochzeit: 15 Minuten

Zutaten

1 kg Grünkohl · Salz · 2 Schalotten · 2 EL Butterschmalz
750 ml Gemüsebrühe · 200 ml Sahne · Pfeffer · Muskatnuss · Etwas Zitronensaft
150 g kalte Butter · 200 g Krabbenfleisch

Zubereitung

1. Den Grünkohl putzen und Zutaten in Salzwasser etwa 5 Minuten blanchieren. In einem Sieb abtropfen lassen und durch die feine Scheibe des Fleischwolfs drehen.

2. Die Schalotten schälen und in kleine Würfel schneiden. Butterschmalz in einem großen Topf erhitzen, die Schalotten darin anschwitzen, ohne dass sie Farbe annehmen.

3. Den Grünkohl dazugeben, mit Brühe und 100 ml Sahne aufgießen, dann mit Salz, Pfeffer und Muskat würzen. Das Ganze etwa 15 Minuten bei mittlerer Hitze köcheln lassen und abschließend mit etwas Zitronensaft abschmecken.

4. Während der Kochzeit die restliche Sahne halb steif schlagen. Die Suppe soll von cremiger Konsistenz sein und nicht zu dick werden. evtl. mit etwas Brühe verdünnen.

5. Die kalte Butter in Würfeln zur Suppe geben, das Ganze mit einem Stabmixer aufschlagen und die geschlagene Sahne unterheben. Die Krabben in einer Auflaufform im Backofen kurz erwärmen. Die Suppe in vorgewärmte Suppenteller portionieren und die Krabben darauf als Einlage verteilen.

Grünkohl mit Pinkel

Für 4 Personen ~ Zubereitungszeit: 35 Minuten ~ Kochzeit: etwa 2 Stunden

Dieses Gericht gab es jeden Monat in unserer Hamburger Kaserne. Jedes Mal musste man sich beeilen, wenn man Nachschlag wollte. Es war mit Abstand das beliebteste Gericht – beliebter als Schnitzel mit Pommes. (Man erkannte auch gleich die Süddeutschen unter den Kameraden, denn die konnten sich einen Kommentar zum Namen nicht verkneifen.) »GkmP« gehört zu Norddeutschland wie Reetdächer und Seewind, ist kinderleicht zuzubereiten, gesund, lager- und einfrierfähig – und schmeckt unvergleichlich gut.

Zutaten

2 kg Grünkohl · 3 mittelgroße Zwiebeln · 3 EL Butterschmalz
1 kg geräucherter Speck oder Kasseler · 30 g Hafergrütze · 4 Pinkelwürstchen oder Mettwürstchen oder Kartoffelwurst · Salz · Pfeffer · 1 Prise brauner Zucker

Zubereitung

1. Den Kohl wie beschrieben putzen, kleinschneiden gut waschen und abtropfen lassen. Die Zwiebeln schälen und in kleine Würfel schneiden. Das Butterschmalz in einem großen Topf auslassen und die Zwiebeln darin andünsten.

2. Den Kohl zugeben, nach kurzer Zeit 12 Tassen Wasser und Speck zugeben. Bei geringer Hitze eine Stunde schmoren lassen.

3. Dann die Grütze zufügen und weitere 30 Minuten garen. Die Würstchen dazugeben und nochmals etwa 30 Minuten köcheln lassen. Kurz vor Ende der Garzeit mit Salz, Pfeffer und Zucker abschmecken. Mit Salz- oder Pellkartoffeln servieren.

Herzhafter Grünkohltopf

Für 4 Personen ~ Zubereitungszeit: 45 Minuten ~ Kochzeit: 30 Minuten

Zutaten

1 kg Grünkohl · 1 Zwiebel · Salz · 600 g Kartoffeln · 1 EL Butterschmalz · Pfeffer Kümmel · 1 EL Öl · 100 g geräucherte Speckwürfel · 2 EL Butter · 150 ml heiße Milch 4 Mettwürste (oder Kartoffelwurst aus Hunsrück oder Pfalz)

Zubereitung

1. Die Zwiebel pellen und in feine Würfel schneiden. Den Grünkohl wie beschrieben putzen, waschen und in einem Topf in kochendem Salzwasser 5 Minuten blanchieren, dann abgießen, abkühlen lassen und etwas klein schneiden.

2. Kartoffeln schälen, waschen, halbieren und in Salzwasser 20 Minuten kochen. Das Butterschmalz in einem großen Topf auslassen und die Zwiebel darin glasig anbraten. Grünkohl mit etwa 100 ml Wasser zufügen und das Ganze bei geschlossenem Deckel 30 Minuten schmoren lassen. Mit Salz, Pfeffer und Kümmel würzen.

3. Das Öl in einer Pfanne erhitzen und die Speckwürfel darin knusprig braun rösten, von der Herdplatte ziehen und beiseitestellen.

4. Die Kartoffeln abgießen, mit Butter und Milch mit einem Kartoffelstampfer nicht zu fein zerstampfen. Den Kartoffelbrei mit dem Speck zum Kohl geben und das Ganze verrühren. Ggf. noch einmal mit Salz und Pfeffer abschmecken.

5. Die Mettwürste in einem Topf mit heißem Wasser langsam erwärmen. Den Grünkohl auf Tellern anrichten und die Mettwürste separat dazu reichen.

Grünkohlsaft

Für 2 Personen ~ Zubereitungszeit: 45 Minuten

Wer mich Stubenhocker irgendwohin bewegen möchte, muss nur beiläufig erwähnen, dass es dort vielleicht Grünkohlsaft gibt. Die reine Möglichkeit reicht aus. Vielleicht gibt es Grünkohlsaft. Vielleicht!

Zutaten

1 Grünkohl · 1 Salatgurke · 1 Zitrone · 1 Apfel, möglichst süß

Zubereitung

1. Alle Zutaten ordentlich waschen und eine halbe Stunde lang in den Kühlschrank legen.

2. Beim Kohl den Strunk, bei der Gurke die Enden abschneiden, dann beide für einfache Handhabe etwas zerteilen. Zitrone enthäuten, Apfel entkernen.

3. Den Auffangbehälter des Entsafters mit einer Tüte auskleiden.
Zitrone, Apfel, Gurke und Kohl einzeln in separates Glas entsaften.

Mischungsverhältnis

10 Teile Grünkohl, 10 Teile Apfel, 4 Teile Gurke, 3 Teile Zitrone. Sofort im Glas servieren.

Bonus-Rezept: Selleriesaft

Für 2 Personen ~ Zubereitungszeit: 40 Minuten

Schlecker hatte Selleriesaft in der 0,5 l Glasflasche für 79 Cent. War eine Super-Alternative zum Selbermachen. (Bei den Bioladen-Preisen heute muss ich stets lachen.) Wie Grünkohlsaft würde ich Selleriesaft als Zahlungsmittel akzeptieren.

Zutaten

3 Stauden Sellerie · 1 kleine Limette

Zubereitung

1. Sellerie und Limette ordentlich waschen und eine halbe Stunde lang in den Kühlschrank legen. Beim Sellerie Strunk und Spitzen abschneiden, die Limette häuten.

2. Den Auffangbehälter des Entsafters mit einer Tüte auskleiden – das macht das Reinigen leichter.

3. Beides entsaften und sofort im Glas servieren.

Kohlrabi

Erstmalig erwähnt wird er in Europa im 16. Jahrhundert. Im deutschsprachigen Raum verbreitete sich der geschmacklich milde, fein nussige, leicht süße Kohlrabi besonders im 19. Jahrhundert. Er hat viel Kalium und reichlich Ballaststoffe.

WORAUF SIE BEIM EINKAUF ACHTEN SOLLTEN

Seine Oberfläche sollte glatt und nicht geplatzt und die Blätter müssen knackig, grün und fest sein. Die Blätter sind ein entscheidendes Frische-Merkmal. Kaufen Sie lieber Exemplare zwischen 300 und 400 g, da die großen Kohlrabi holzig sein können.

KOHLRABI PUTZEN

Mit dem Sparschäler schälen. Am Wurzelende großzügig abschneiden, denn hier kann er etwas 'holzig sein. Anschließend waschen und kleinschneiden.

Kohlrabi hält sich etwa 14 Tage im Kühlschrank. Angeschnittenen Kohlrabi in Frischhaltefolie wickeln, damit die Schnittflächen nicht austrocknen und schnell verarbeiten. Kohlrabi-Blätter halten leider nur etwa zwei Tage im Kühlschrank. Wollen Sie Kohlrabi einfrieren, sollten Sie ihn zuvor putzen, in Streifen oder Würfel schneiden und etwa drei Minuten blanchieren.

Kohlrabisalat

Für 4 Personen ~ Zubereitungszeit: 15 Minuten

Zutaten

200 g Crème fraîche · 2 EL Öl · Saft von einer halben Zitrone
Salz · Pfeffer · 1 TL brauner Zucker · 150 g Feldsalat · 2 Kohlrabi · 1 Apfel
50 g Walnuss- oder Cashew-Kerne (oder Croutons)

Zubereitung

1. Crème fraîche mit Öl, Zitronensaft, Salz, Pfeffer und Zucker verrühren. Den Feldsalat putzen, waschen und vorsichtig trockenschleudern. Kohlrabi wie beschrieben putzen und waschen, Apfel waschen, vierteln und entkernen. Kohlrabi und Apfel raspeln.

2. Nüsse grob hacken. Kohlrabi und Apfel mit dem Dressing mischen, evtl. mit Salz, Pfeffer und Zucker abschmecken. Feldsalat vorsichtig unterheben. Salat mit Nüssen bestreut servieren.

Tipp

Zu allen Salaten passt gebratenes Geflügel. Klein schneiden, in der beschichteten Pfanne (mit Olivenöl) braten und über den Salat geben.

Kohlrabischnitzel mit Polenta

Für 4 Personen ~ Zubereitungszeit: 40 Minuten ~ Kochzeit: 18 Minuten

Zutaten für die Kohlrabi-Schnitzel

2 Kohlrabi · Salz · 3 Eier · 100 g geriebener Parmesan · Mehl
ca. 5 EL Öl · 1 EL gehackte Petersilie

Zutaten für die Polenta

200 ml Milch · 300 ml Gemüsebrühe · 1 TL Salz · 120 g Polenta · 150 g Sahnequark

Zubereitung

1. Kohlrabi putzen, waschen, in etwa 1,5 cm dicke Scheiben schneiden und in wenig kochendem Salzwasser in 8–10 Minuten bissfest garen. Abgießen, gut abtropfen lassen, ggf. mit einem Küchentuch trocken tupfen.

2. Für die Polenta Milch mit Brühe und Salz kurz aufkochen. Polenta hinein streuen und unter gelegentlichem Rühren etwa 10 Minuten bei milder Hitze quellen lassen. Quark unter die Polenta rühren, kurz aufkochen und warmstellen.

3. Für die Kohlrabi-Schnitzel die Eier mit dem Käse verquirlen. Kohlrabi im Mehl wenden, überschüssiges Mehl abklopfen. Das Öl in einer Pfanne erhitzen. Bemehlte Kohlrabi-Scheiben durch die Ei-Mischung ziehen und sofort im heißen Öl anbraten. Bei mittlerer Hitze auf jeder Seite 2–3 Minuten goldbraun braten. Kurz auf Küchenpapier abtropfen lassen. Mit der Polenta auf vorgewärmten Tellern anrichten und mit der Petersilie garniert servieren. Dazu Kotelett oder Bratwurst reichen.

Zander auf Kohlrabigemüse

Für 4 Personen ~ Zubereitungszeit: 35 Minuten ~ Kochzeit: 15 Minuten

Zutaten

2 Kohlrabi · 20 g Butter · 150 ml Gemüsebrühe · Salz · Pfeffer
1 TL Schalenabrieb von 1 Zitrone · 4 Zanderfilets mit Haut, je etwa 200 g · 2 EL Öl
Etwas Zitronensaft · 100 g Crème fraîche · 1 EL gehackte Petersilie

Zubereitung

1. Kohlrabi putzen, waschen, halbieren und in Spalten schneiden. Die zarten Blätter waschen und in feine Streifen schneiden. Butter in einem Topf erhitzen und Kohlrabi darin kurz andünsten. Mit Gemüsebrühe ablöschen, mit Salz, Pfeffer und Zitronenschale würzen. Bei geschlossenem Deckel und mittlerer Hitze etwa 15 Minuten dünsten. Etwa 1 Minute vor Ende der Garzeit die Kohlrabiblätter dazugeben.

2. Den Backofen auf 200° C vorheizen. Währenddessen die Zanderfilets kalt abspülen und trocken tupfen. Die Haut zweimal quer leicht einschneiden. Fischfilets mit Salz und Pfeffer würzen.
Das Öl in einer großen Pfanne erhitzen und die Filets darin auf der Hautseite etwa 3 Minuten anbraten. Dann umdrehen und mit der Hautseite nach oben im Backofen auf der mittleren Schiene etwa 5–8 Minuten garen.

3. Kohlrabigemüse mit Zitronensaft abschmecken und die Crème fraîche sowie die Petersilie unterrühren. Das Gemüse und die Zanderfilets auf Tellern anrichten und heiß servieren. Dazu schmecken Salzkartoffeln.

Kohlrabi-Eintopf

Für 4 Personen ~ Zubereitungszeit: 30 Minuten ~ Kochzeit: 20 Minuten

Zutaten

2 Kohlrabi · 8–10 Kartoffeln · 4 Möhren · 2 Zwiebeln · 1 EL Butter
800 ml Gemüsebrühe · 600 g Kasseler, ohne Knochen · 1 EL gehackte Petersilie

Zubereitung

1. Kohlrabi und Kartoffeln schälen, waschen und jeweils in etwa 2 cm große Würfel schneiden. Die Möhren schälen, waschen und in 0,5 cm dicke Scheiben schneiden. Zwiebeln schälen und fein würfeln.

2. Die Butter in einem Topf auslassen und die Zwiebeln darin glasig andünsten. Kartoffeln, Möhren und Kohlrabi dazugeben und mit der Brühe ablöschen, mit Salz und Pfeffer würzen. Das Ganze bei geschlossenem Deckel etwa 10 Minuten bei mittlerer Hitze garen.

3. Kasseler in etwa 1,5 cm große Würfel schneiden, zum Gemüse geben und weitere 10 Minuten garen. Ggf. mit Salz und Pfeffer abschmecken und mit der Petersilie bestreut servieren.

Pak Choi oder Senfkohl

Senfkohl, auch Blätterkohl genannt, ist ein Verwandter des Chinakohls, schmeckt aber deutlich milder. Optisch erinnert Pak Choi an Mangold.

WORAUF SIE BEI IHREM EINKAUF ACHTEN SOLLTEN

Pak Choi bildet lockere Köpfe mit weißen Stielen und grünen Blättern, alles (bis auf das diche Strunkende) ist zum Verzehr geeignet. Achten Sie darauf, dass der Kohl frisch und knackig aussieht und keine welken Blätter oder dunkle Stellen hat.

PAK CHOI PUTZEN

Entfernen Sie die äußeren Blätter rund um den Kopf und schneiden Sie den Strunkansatz ab. Gründlich unter fließendem Wasser abspülen, abtropfen lassen und in Stücke oder Streifen schneiden. Das Gemüse welkt schnell und hält sich gekühlt nicht länger als acht Tage. Schlagen Sie den Pak Choi in ein angefeuchtetes Küchentuch ein.

ÜBRIGENS

Pak Choi ist sehr mild im Geschmack. Die Stiele sind knackig, die zarten Blätter verwöhnen die Geschmacksnerven mit einer leicht herb-bitteren Note. Ähnlich hitzeempfindlich wie Spinat, sollte das Gemüse nur kurz gedünstet oder gebraten werden.

Asiatische Pak-Choi-Pfanne

Für 4 Personen ~ Zubereitungszeit: 30 Minuten ~ Kochzeit: 6–8 Minuten

Zutaten

12 rohe Garnelen · 1 Peperoni · 6 Knoblauchzehen · 600 g Pak Choi
250 g Glasnudeln · 3 EL Sonnenblumenöl · Salz · Pfeffer · 4 EL Sojasauce

Außerdem

Holzspieße für die Garnelen

Zubereitung

1. Garnelen waschen, trocken tupfen und jeweils drei Garnelen auf einen Holzspieß ziehen. Peperoni waschen, putzen und in Ringe schneiden. Knoblauch schälen, vier Knoblauchzehen halbieren, den Rest hacken. Pak Choi putzen und in Streifen schneiden.

2. Die Nudeln in kochendem Salzwasser 2–3 Minuten bissfest garen, abgießen und kalt abspülen. Das Sesamöl einer großen Pfanne oder in einem Wok erhitzen, Peperoni und gehackten Knoblauch darin 2–3 Minuten anbraten.

3. Das Sonnenblumenöl in einer zweiten Pfanne erhitzen und die Garnelen-Spieße darin zusammen mit dem restlichen Knoblauch von beiden Seiten insgesamt etwa 4 Minuten braten, mit Salz und Pfeffer würzen.

4. Pak Choi zu Peperoni und Knoblauch geben, unter Rühren bei mittlerer Hitze etwa 2–4 Minuten schmoren, mit Sojasauce, Salz und Pfeffer würzen. Die Glasnudeln unterheben und erwärmen. Gemüse auf Tellern verteilen und die Spieße darauf anrichten.

Pak Choi mit Hähnchenbrust

Für 4 Personen ~ Zubereitungszeit: 30 Minuten ~ Kochzeit: 8 Minuten

Zutaten für das Gemüse

5 Mini-Pak-Choi · 1 rote Peperoni · 100 g Shiitake · 4 EL Öl · 3 EL Sojasauce
3 EL Reiswein · 150 ml Gemüsebrühe · 1 EL Speisestärke

Zutaten für das Fleisch

4 Hähnchenbrustfilets, oder 8–10 Innenfilets · 2 EL Butterschmalz
Salz · Pfeffer · Saft von 1 Zitrone

Zubereitung

1. Pak Choi putzen und längs halbieren. Peperoni waschen, längs halbieren, entkernen und in schmale Streifen schneiden. Shiitake putzen. Fleisch waschen und trocken tupfen.

2. Butterschmalz in einer Pfanne erhitzen und das Fleisch darin von beiden Seiten kräftig anbraten, mit Salz und Pfeffer würzen. Die Hitze reduzieren, Zitronensaft und etwas Wasser dazu gießen und das Fleisch etwa 8 Minuten garen. Währenddessen das Öl in einer großen, hohen Pfanne erhitzen und die Peperoni mit den Pilzen darin 2–3 Minuten braten. Mit Sojasauce, Reiswein und Brühe ablöschen.

4. Pak Choi mit der Schnittfläche nach unten zugeben und bei geschlossenem Deckel bei mittlerer Hitze 3–4 Minuten schmoren. Die Stärke in etwas kaltem Wasser glattrühren. Pak Choi aus dem Topf nehmen und warmhalten. Den Gemüsesud aufkochen und mit der Stärke binden. Das Gemüse in die Soße geben und vorsichtig unterheben. Gemüse mit Soße auf Teller geben und mit dem Fleisch servieren.

Romanesco

Der ursprünglich aus dem Mittelmeerraum stammende Kohl wurde in der Nähe von Rom angebaut. Anders als bei seinem weißen Verwandten, dem Blumenkohl, sind die spitz zulaufenden Röschen von intensiv grüner Farbe.

WORAUF SIE BEI IHREM EINKAUF ACHTEN SOLLTEN

Das beste Zeichen für Frische sind die äußeren Hüllblätter. Sie sollten knackig und grün sein. Romanesco mit gelben oder schon etwas welken Blättern lieber nicht kaufen. Dieses Gemüse verträgt kein langes Aufbewahren, da Geschmack und Nährstoffgehalt schnell abnehmen. Im Gemüsefach des Kühlschranks können Sie den Kohl etwa zwei bis drei Tage lagern. Auch Einfrieren ist möglich.

ROMANESCO PUTZEN

Stielansatz und die äußeren Blätter entfernen. Anschließend in Röschen zerteilen, waschen und abtropfen lassen. Möchten Sie den Kohl im Ganzen garen, sollten Sie ihn nach dem Entfernen der äußeren Hüllblätter etwa 30 Minuten in Salzwasser legen. Dadurch werden Raupen oder anderes Ungeziefer entfernt. Um die hübsche grüne Farbe beim Kochen zu erhalten, sollte Romanesco möglichst kurz gegart werden. Danach in vorbereitetes Eiswasser kurz eintauchen und anschließend gut abtropfen lassen.

Romanesco-Kartoffel-Suppe

Für 4 Personen ~ Zubereitungszeit: 30 Minuten ~ Kochzeit: etwa 30 Minuten

Zutaten

1 Romanesco · 500 g Kartoffeln · 1 l Gemüsebrühe
Salz · Pfeffer · 2 EL Crème fraîche

Zubereitung

1. Den Romanesco wie beschrieben putzen und in Röschen zerteilen. Die Kartoffeln schälen, waschen und würfeln. Die Gemüsebrühe in einem Topf zum Kochen bringen, die Kartoffeln darin etwa 20 Minuten weichkochen. Anschließend mit einem Schaumlöffel aus der Brühe heben und beiseitestellen.

2. Dann den Kohl in der Brühe etwa 8 Minuten bissfest kochen. Die Hälfte der Röschen aus der Suppe heben, die Kartoffeln zugeben und die Suppe mit dem Stabmixer pürieren, mit Salz und Pfeffer abschmecken. Crème fraîche einrühren, die Romanesco-Röschen als Einlage in die Suppe geben und sofort servieren. Dazu heiße Bockwurst und Senf reichen.

Tipp

Wenn Sie es etwas herzhafter mögen, geben Sie geröstete Speckwürfel in die Suppe.

Romanesco-Auflauf mit Schweinefilet

Für 4 Personen ~ Zubereitungszeit: 40 Minuten ~ Kochzeit: etwa 20 Minuten

Zutaten

600 g Schweinefilet · 2 EL Öl · Salz · Pfeffer · 1 großer Romanesco
3 Eier · 125 g Sahne · 6 EL Weißwein · 120 g geriebener Käse, Sorte nach Belieben
200 g Schmand

Außerdem

Butter für die Auflaufform

Zubereitung

1. Das Fleisch waschen, trocken tupfen und in 3 cm breite Stücke schneiden. Öl in einer Pfanne erhitzen und das Fleisch darin von beiden Seiten etwa 4 Minuten rosig anbraten. Mit Salz und Pfeffer würzen und beiseitestellen.

2. Romanesco putzen und in Röschen teilen. In kochendem Salzwasser etwa 3–4 Minuten blanchieren. Abgießen, abschrecken und abtropfen lassen.

3. Die Eier verquirlen und mit Sahne, Weißwein, der Hälfte des Käses und Schmand verrühren. Mit Salz und Pfeffer würzen.

4. Den Backofen auf 180 °C vorheizen. Die Auflaufform mit der Butter einfetten. Etwas von der Sahne-Mischung auf den Formboden streichen und das Schweinefilet darauflegen. Romanesco dazugeben und die übrige Soße darüber verteilen. Den restlichen Käse darüber streuen. Im Backofen etwa 15–20 Minuten überbacken.

Steinbeißer auf Romanesco-Gemüse

Für 4 Personen ~ Zubereitungszeit: 35 Minuten ~ Kochzeit: 10 Minuten

Zutaten

800 g Steinbeißerfilet · 1 Romanesco · Salz · 1 EL Butterschmalz
Saft von ½ Zitrone · 25 g Butter · 25 g Mehl · 400 ml Gemüsebrühe · 100 g Sahne
125 g Senf, mittelscharf · Pfeffer · 1 Prise brauner Zucker

Zubereitung

1. Den Fisch waschen, trocken tupfen und in vier gleich große Stücke schneiden. Romanesco putzen und in Röschen schneiden. Die Butter in einem Topf schmelzen, mit Mehl bestäuben, anschwitzen und nach und nach unter ständigem Rühren mit Brühe und Sahne ablöschen. Aufkochen und den Senf unterrühren. Mit Salz, Pfeffer und Zucker abschmecken, warmhalten.

2. Das Gemüse in Salzwasser in etwa 10 Minuten bissfest garkochen. Währenddessen das Butterschmalz in einer Pfanne erhitzen und den Fisch darin von beiden Seiten in etwa 3–4 Minuten glasig braten, mit Salz würzen.

3. Die Butter in einem kleinen Topf schmelzen lassen und den Zitronensaft unterrühren. Fisch und Gemüse auf Tellern anrichten. Den Fisch mit der Senfsoße und das Gemüse mit der geschmolzenen Zitronenbutter begießen und servieren.

Rosenkohl

Dieses Wintergemüse wird seit dem 19. Jahrhundert kultiviert und zählt zu den jüngsten Kohlsorten. Da man Rosenkohl zuerst in der Nähe von Brüssel anbaute, kennt man ihn auch unter dem Namen Brüsseler Kohl, »chou de Bruxelles« im Französischen und »Brussels sprouts« im Englischen.

WORAUF SIE BEI IHREM EINKAUF ACHTEN SOLLTEN

Frischer Rosenkohl hat glatte, unversehrte und fest geschlossene Köpfchen. Welke Blättchen und verfärbte Flecken können Zeichen von zu langer Lagerung sein und Sie sollten auf einen Einkauf verzichten.

ROSENKOHL PUTZEN

Entfernen Sie die äußeren Blätter, kürzen Sie die Strünke und schneiden Sie diese etwas ein. Dadurch verkürzt sich die Garzeit und außerdem wird das Gemüse gleichmäßig gegart. Dann waschen und abtropfen lassen.

Rosenkohl wird in der Regel im Ganzen zubereitet. Sie können aber auch die Blätter der Röschen nacheinander einzeln ablösen, dazu am besten immer wieder ein Stück Strunk abschneiden und weiterverarbeiten. Die Garzeit reduziert sich dadurch erheblich.

Im Gemüsefach des Kühlschranks kann Rosenkohl etwa drei bis vier Tage aufbewahrt werden. Sie können ihn auch einfrieren: Nach dem Putzen 2 Minuten blanchieren, in Eiswasser abschrecken, damit der Rosenkohl bissfest bleibt und nicht nachgart.

ÜBRIGENS

In der US-amerikanischen Küche erlebt er seit Jahren eine Renaissance als sogenanntes »Super Food«, weil er tatsächlich proppevoll mit wichtigen Nährstoffen ist.

TIPPS

Für viele europäische Gaumen ist der bittere Geschmack abschreckend. Das muss aber überhaupt nicht sein.

- Schon beim Einkauf können Sie darauf achten, eine möglichst milde Sorte zu wählen. Fachleute auf dem Wochenmarkt oder im Bio-Laden helfen gerne, das Personal im Discounter könnte damit eher überfordert sein.
- Die Bitterstoffe (Glucosinolate) schützen den Rosenkohl vor Schädlingen. Nach dem ersten Frost schmeckt er nicht mehr so bitter. Alternativ können Sie ihn zuhause einfach ein paar Stunden im Gefrierfach aufbewahren.
- Falls dafür nicht die Zeit ist, die Röschen vor dem Kochen halbieren, gelbe Blätter entfernen und 1 EL braunen Zucker ins Kochwasser geben.
- Außerdem schmeckt Rosenkohl sehr gut mit Kartoffeln und einer sahnigen Sauce – oder einfach mit etwas zerlaufener Butter und Salz.

Rosenkohleintopf

Für 4 Personen ~ Zubereitungszeit: 35 Minuten ~ Kochzeit: 15–20 Minuten

Zutaten

500 g Rosenkohl · 2 Zwiebeln · 5 Möhren · 500 g Kartoffeln · ½ Bund Thymian
1 EL Butter · 800 ml Gemüsebrühe · 4 Wiener Würstchen · Salz · Pfeffer · Muskatnuss
Einige Spritzer Zitronensaft

Zubereitung

1. Rosenkohl putzen und die Röschen halbieren. Zwiebeln schälen und fein würfeln. Möhren und Kartoffeln schälen, waschen und jeweils in 2 cm große Stücke schneiden. Thymian fein hacken.

2. Die Butter in einem Topf auslassen und die Zwiebeln darin glasig dünsten. Kartoffeln, Möhren, Rosenkohl und Thymian zugeben und kurz dünsten. Gemüsebrühe zugießen und das Ganze aufkochen. Den Eintopf mit geschlossenem Deckel bei mittlerer Hitze etwa 15–20 Minuten garen.

3. Wiener Würstchen schräg in 1 cm dicke Scheiben schneiden, unter den Eintopf mischen und darin erwärmen. Eintopf mit Salz, Pfeffer, Muskatnuss und Zitronensaft abschmecken und heiß servieren.

Tipp

Sie können die Würstchen auch in Wasser erwärmen und im Ganzen mit einem Klecks Dijon-Senf servieren.

Rosenkohl mit Speck

Für 4 Personen ~ Zubereitungszeit: 35 Minuten ~ Kochzeit: 15 Minuten

Zutaten

800 g Rosenkohl · Salz · 1 EL Öl · 2 EL Butter · 150 g Speckwürfel
1 Prise Zucker · 1 Spritzer Zitronensaft

Zubereitung

1. Den Rosenkohl wie beschrieben putzen und in kochendem Salzwasser etwa 15 Minuten garen.

2. Das Öl in einer Pfanne erhitzen und den Speck darin kross rösten. Den Rosenkohl in einem Sieb abgießen und abtropfen lassen.

3. Die Butter schmelzen, den Rosenkohl dazugeben und mit Zucker und Zitronensaft würzen, den Speck unterheben. Rosenkohlgemüse mit Salzkartoffeln und zum Beispiel mit Frikadellen servieren.

Rosenkohlauflauf

Für 4 Personen ~ Zubereitungszeit: 45 Minuten ~ Kochzeit: 35 Minuten

Zutaten

600 g Kartoffeln · 400 g Rosenkohl · Salz
200 ml Milch · 300 ml Sahne · Muskatnuss · Cayennepfeffer
200 g geriebener Käse, Sorte nach Belieben

Zubereitung

1. Kartoffeln schälen, waschen und in etwa 2 cm große Würfel schneiden. Rosenkohl wie beschrieben putzen und in Salzwasser etwa 15 Minuten garkochen. Anschließend in einem Sieb abtropfen lassen.

2. Zeitgleich die Milch mit der Sahne in einen Topf geben, aufkochen, die Kartoffeln mit Cayennepfeffer, Muskat und Salz zugeben, kurz aufkochen. Bei milder bis mittlerer Hitze unter gelegentlichem Rühren etwa 15 Minuten garen, evtl. noch etwas Milch oder Sahne zufügen. Anschließend die Hälfte des Käses untermischen.

3. Den Backofen auf 200° C vorheizen. Die Hälfte der Kartoffeln zusammen mit der Käse-Sahne-Mischung in eine Auflaufform geben und den Rosenkohl darauf verteilen. Mit den übrigen Kartoffeln abdecken, mit dem restlichen Käse bestreuen und im Backofen etwa 15–20 Minuten überbacken. Den Auflauf in der Form zu Tisch bringen und mit einem kurzgebratenen Fleischgericht servieren.

Chou de Bruxelles au Monsieur Sieder-Venn

Für 4 Personen ~ Zubereitungszeit: 10 Minuten ~ Kochzeit: 15 Minuten

Zutaten

1 kg Rosenkohl · 1 EL brauner Zucker · Salz · Pfeffer
200 g Parmesan, Appenzeller, oder beides mischen

Zubereitung

1. Den Rosenkohl waschen, putzen, die Röschen halbieren und 12 Minuten mit Zucker und Salz bissfest kochen. Abtropfen lassen.

2. Unterdessen Backofen auf 200° C vorheizen. Die Röschen mit der Schnittfläche nach oben auf ein gefettetes Backblech legen, mit dem Käse bestreuen, ggf. mit Salz und Pfeffer würzen und kurz in den Ofen, bis der Käse verläuft. Heiß servieren.

3. Passt prima zu Kartoffeln – oder als Überraschung für die Grillparty.

Rotkohl

Rotkohl, auch Rotkraut oder Blaukraut genannt, wird vorwiegend in Mittel- und Nordeuropa angebaut. Er schmeckt leicht süßlich, etwas weniger nach Kohl.

WORAUF SIE BEI IHREM EINKAUF ACHTEN SOLLTEN

Frischer Rotkohl hat feste, geschlossene Köpfe mit glatten, eng aneinander liegenden Blättern, ist von rotvioletter bis blauer Farbe und im Kühlschrank etwa 2 Wochen haltbar.

ROTKOHL PUTZEN

Äußere Blätter entfernen, den Kohlkopf vierteln und den harten Strunk herausschneiden. Die Viertel in Streifen schneiden. Waschen und in einem Sieb abtropfen lassen.

TIPP

Ein bis zwei säuerliche Äpfel, mit dem Kohl gekocht, bereichern den Geschmack. Rotkohl schmeckt mit reichlich Fett am besten. Deshalb ist das ansonsten kalorienarme Gemüse nicht unbedingt für eine Diät geeignet.

ÜBRIGENS

Lagern Sie Rotkohl bitte nicht neben Obst oder Tomaten, da er ethylen-empfindlich ist und dann schneller welkt.

Apfelrotkohl

Für 4 Personen ~ Zubereitungszeit: 35 Minuten ~ Kochzeit: 45–60 Minuten

Zutaten

1 Rotkohl · 2 Zwiebeln · 4 Nelken · 3 Äpfel, z. B. Boskop
2 EL Gänseschmalz · 1 EL Zucker · 3 EL Weißweinessig · Salz · Pfeffer
2 Lorbeerblätter · 2 EL Johannisbeergelee · 1 EL Butter

Zubereitung

1. Rotkohl wie beschrieben putzen und in feine Streifen schneiden. Eine Zwiebel schälen und fein würfeln. Zweite Zwiebel halbieren, die eine Hälfte ebenfalls schälen und würfeln, die zweite Hälfte mit den Nelken spicken. Äpfel waschen, schälen, vierteln und entkernen. Anschließend in dünne Scheiben schneiden.

2. Schmalz in einem Topf erhitzen. Zwiebelwürfel darin andünsten. Kohl, Äpfel und Zucker zugeben und 5 Minuten unter Rühren andünsten. Mit Essig, Salz und Pfeffer würzen. Gewürzzwiebel und Lorbeerblätter zugeben, etwas Wasser angießen. Zugedeckt aufkochen und bei milder bis mittlerer Hitze 45–60 Minuten schmoren, ggf. etwas Wasser nachgießen. Abschließend mit Johannisbeergelee würzen, die Butter unterheben und schmelzen, ggf. mit Salz abschmecken.

3. Den Rotkohl in eine Schüssel füllen, dabei die gespickte Zwiebel und die Lorbeerblätter entfernen und servieren. Apfelrotkohl schmeckt hervorragend zu Bratwurst und Salz- oder Pellkartoffeln.

Birnenrotkohl

Für 4 Personen ~ Zubereitungszeit: 35 Minuten ~ Kochzeit: 45–60 Minuten

Zutaten

1 Rotkohl · 2 Zwiebeln · 2 EL Butterschmalz · 50 ml Rotweinessig
200 ml Apfelsaft · 1 Lorbeerblatt · 2 Wacholderbeeren · 2 Gewürznelken · 1 Zimtstange
Salz · Pfeffer · 1 Prise brauner Zucker · 2–3 Birnen, z.B. Williams Christ
400 g geräucherter Speck am Stück

Zubereitung

1. Rotkohl putzen und in Streifen schneiden. Zwiebeln schälen und würfeln. Schmalz in einem großen Topf erhitzen, Zwiebeln darin glasig andünsten. Rotkohl zugeben, Essig und Apfelsaft angießen und kurz aufkochen. Mit Lorbeer, Wacholder, Nelken, Zimtstange, Salz, Pfeffer und Zucker würzen.

2. Die Birnen waschen, halbieren, das Kerngehäuse entfernen, in nicht zu kleine Würfel schneiden und zum Rotkohl geben. Das Ganze mit geschlossenem Deckel bei mittlerer Hitze etwa 50–60 Minuten schmoren.

3. Speck in etwa 3 cm breite, sehr dünne Scheiben schneiden und nach etwa 30 Minuten zum Rotkohl geben und zu Ende garen.

4. Vor dem Servieren Lorbeerblatt und Zimtstange entfernen. Rotkohl mit dem Speck auf Tellern anrichten und servieren. Dazu Brat- oder Salzkartoffeln reichen.

Rotkohl-Kartoffel-Auflauf

Für 4 Personen ~ Zubereitungszeit: 90 Minuten ~ Kochzeit: 90–115 Minuten

Zutaten

1 Rotkohl · 3 Zwiebeln · 200 g geräucherte Speckwürfel · 1 Lorbeerblatt
2–4 Wacholderbeeren · 100 ml Gemüsebrühe · 75 ml Rotweinessig · Salz
800 g Kartoffeln · 1 Knoblauchzehe · 1 EL Öl · 400 g Rinderhackfleisch
120 g Crème fraîche · Pfeffer · 2 EL Butterflöckchen
80 g geriebener Käse, Sorte nach Belieben

Außerdem

Butter für die Auflaufform

Zubereitung

1. Rotkohl putzen und in feine Streifen schneiden. Zwei Zwiebeln schälen und fein würfeln. Speck in einem Topf auslassen. Zwiebeln dazugeben und glasig andünsten. Rotkohl zugeben, andünsten. Lorbeer und Wacholder zugeben und das Ganze mit Brühe und Essig ablöschen, mit Salz würzen. Aufkochen und mit geschlossenem Deckel etwa 45–60 Minuten bei mittlerer Hitze schmoren.

2. Währenddessen die Kartoffeln waschen und in kochendem Salzwasser in 20 Minuten weichkochen. Die übrige Zwiebel und den Knoblauch schälen und fein würfeln. Das Öl in einer Pfanne erhitzen und Zwiebel mit Knoblauch darin leicht andünsten, Hackfleisch zugeben und braten. Crème fraîche unterrühren, mit Salz und Pfeffer würzen. Kartoffeln abgießen, mit kaltem Wasser abschrecken, etwas abkühlen lassen, pellen und in Scheiben schneiden.

3. Den Backofen auf 180° C vorheizen. Die Auflaufform mit der Butter einfetten und den Boden mit Kartoffelscheiben auslegen. Rotkohl (Lorbeerblatt entfernen) und restliche Kartoffeln einschichten, als vorletzte Schicht die Fleischmischung zugeben und als letzte Schicht Kartoffelscheiben darauf verteilen. Butterflöckchen auflegen und mit Käse bestreuen. Im Backofen etwa 45 Minuten backen.

Rübstiel oder Stielmus

Rübstiel (Rübstielchen, Stängelmus, Stängelripsen, Stielmus, Köhlstille, Runkelstielchen oder Streppmaut), ein zur Familie der Speiserüben gehörendes Blattkohlgemüse, ist eine Spezialität in Nordrhein-Westfalen, Rheinland-Pfalz und den Niederlanden. Hier wird er auch fast ausschließlich angebaut und ist frisch von Apri bis Juni erhältlich. Rübstiel hat einen fein säuerlichen, leicht scharfen Geschmack und wird am besten unmittelbar nach der Ernte verarbeitet, weil die zarten Blätter schnell welken.

WORAUF SIE BEI IHREM EINKAUF ACHTEN SOLLTEN

Frische und Qualität sind an saftig wirkendem Blattgrün, zarten hellen Stielen und kleinen Rüben erkennbar. Im Gemüsefach des Kühlschranks, am besten in ein feuchtes Tuch gewickelt, ist das Gemüse 1–2 Tage haltbar.

RÜBSTIEL PUTZEN

Die Blätter mit den Stielen von der Wurzel abschneiden, waschen und in einem Sieb abtropfen lassen. Verzehrt werden überwiegend die Blattstiele, aber auch die Blätter sind essbar. Die Stiele kleinschneiden. Die Blätter können Sie ganz lassen oder in Streifen schneiden. Blätter und Stiele bereiten Sie am besten getrennt zu, denn die Stiele benötigen eine etwas längere Garzeit.

Rübstieleintopf

Für 4 Personen ~ Zubereitungszeit: 30 Minuten ~ Kochzeit: 20 Minuten

Zutaten

800 g Kartoffeln · 1 kg Rübstiel · 2 Zwiebeln · 1 EL Butterschmalz
750 ml Gemüsebrühe · Salz · Pfeffer · 150 g Schmand
8 Mettwürste oder Mettenden

Zubereitung

1. Kartoffeln schälen, waschen und in grobe Würfel schneiden. Rübstiel wie beschrieben putzen und in etwa 3 cm lange Stückchen schneiden. Zwiebeln schälen und würfeln.

2. Butterschmalz in einem Topf erhitzen und die Zwiebeln darin glasig dünsten. Kartoffeln dazugeben, kurz andünsten undmit Gemüsebrühe aufgießen. Das Ganze etwa 10 Minuten kochen lassen. Rübstiel zufügen und weitere 10 Minuten garen.

3. Dann alles mit dem Kartoffelstampfer grob stampfen, mit Salz und Pfeffer abschmecken und mit Schmand verfeinern. Die Mettwürste in heißem Wasser erhitzen und mit dem Gemüse separat zu Tisch bringen. Dazu einen Klecks Senf reichen.

Tipp

Sie können die Mettwürste auch in dem Eintopf erhitzen. Dadurch schmeckt das Ganze etwas würziger und Sie können das Salz weglassen.

Münsterländer Rübstielgemüse

Für 4 Personen ~ Zubereitungszeit: 45 Minuten ~ Kochzeit: 10 Minuten

Zutaten

500 g Kartoffeln · 2 Scheiben Pumpernickel · 120 ml Malzbier · 800 g Rübstiel
2 Zwiebeln · 60 g geräucherter Speck · 3 Mettwürste · 1 Bund Petersilie · 1 Bund Schnittlauch
1 EL Butterschmalz · 200 ml Gemüsebrühe · 100 g saure Sahne · Salz · Pfeffer · Muskatnuss

Zubereitung

1. Die Kartoffeln waschen und in der Schale wie gewohnt zu Pellkartoffeln garkochen. Mit kaltem Wasser abschrecken, pellen und in mundgerechte Würfelchen schneiden.

2. Pumpernickel fein zerbröseln, im Malzbier einweichen. Rübstiel putzen, in etwa 2 cm lange Streifen schneiden. Die Zwiebeln schälen, in kleine Würfel schneiden. Speck in Würfel, die Mettwürste in Scheiben schneiden. Petersilie waschen, trocken schütteln, fein hacken. Schnittlauch waschen, trocken tupfen, in feine Röllchen schneiden.

3. Butterschmalz in einem Topf erhitzen und den Speck, die Zwiebeln und die Würste zufügen, kurz anbraten. Rübstiel zugeben und etwas anschwitzen. Das abgetropfte, aber noch nasse Pumpernickel und die Kartoffeln unterheben, mit der Brühe ablöschen.

4. Alles bei mittlerer Hitze etwa 10 Minuten köcheln lassen, bis die Flüssigkeit etwas eingekocht ist. Sahne mit Petersilie und Schnittlauch (etwas davon beiseite stellen) zugeben, mit Salz, Pfeffer und Muskat abschmecken und noch einmal aufkochen lassen. Das Gemüse auf Tellern anrichten und mit dem übrigen Schnittlauch und der Petersilie garniert servieren.

Rübstiel-Kartoffel-Gratin

Für 4 Personen ~ Zubereitungszeit: 45 Minuten ~ Kochzeit: 40–45 Minuten

Zutaten

1 kg Kartoffeln · 800 g Rübstiel · Jeweils 1 Bund Petersilie, Schnittlauch und Dill
400 g geriebener Käse, Sorte nach Belieben, wahlweise: 200 g mittelalten Gouda reiben und 200 g milden Gorgonzola in kleine Stückchen schneiden · 125 ml Milch
200 g Schmand · 1 Ei · Salz · Pfeffer · Paprikapulver

Außerdem

Butter zum Einfetten der Auflaufform

Zubereitung

1. Die Kartoffeln waschen und in der Schale wie gewohnt zu Pellkartoffeln garkochen. Mit kaltem Wasser abschrecken, pellen und in Scheiben schneiden. Rübstiel putzen und in etwa 3 cm lange Stücke schneiden. Die Kräuter waschen, trocken schütteln und fein hacken.

2. Den Backofen auf 180 °C vorheizen. Die Kartoffeln mit Rübstiel, Kräutern und Käse abwechselnd in die mit Butter eingefettete Auflaufform schichten. Die oberste Schicht mit Käse bestreuen. Milch mit Schmand und Ei verrühren, mit Salz, Pfeffer und Paprikapulver würzen. Die Milchmischung über das Gratin geben und das Ganze im Backofen etwa 40–45 Minuten backen. Gratin in der Auflaufform zu Tisch bringen und dazu zum Beispiel Schweinekotelett oder Bratwurst reichen.

Spitzkohl

Spitzkohl ist ein Verwandter des Weißkohls und stammt wahrscheinlich aus Asien. Er ist schon im Frühjahr erhältlich und verdankt seinen Namen seiner Form. Auch Butterkohl genannt, ist sein Kohlaroma eher dezent, fein und ganz leicht nussig.

WORAUF SIE BEI IHREM EINKAUF ACHTEN SOLLTEN

Die äußeren Blätter sollten grün und knackig sein. Der Kohlkopf sollte sich fest anfühlen. Spitzkohl ist empfindlich, weshalb er nicht länger als zwei Tage im Kühlschrank gelagert werden sollte – eingewickelt in ein feuchtes Tuch.

SPITZKOHL PUTZEN

Die äußeren Blätter entfernen. Werden für ein Rezept ganze Blätter benötigt, diese mit einem scharfen Messer unten am Stunk abschneiden und waschen. Die dicken Blattrippen keilförmig herausschneiden. Ganz junge Blätter müssen nicht blanchiert werden. Sie sind weich und lassen sich gut aufrollen, ohne zu brechen. Den Spitzkohl für die Gemüse- oder Salatzubereitung vierteln, den Strunk herausschneiden und die Kohl-Viertel in feine Streifen schneiden, waschen und abtropfen lassen.

ÜBRIGENS

Spitzkohl soll verträglicher und weniger blähend als andere Kohlsorten sein.

Spitzkohleintopf mit Fleischbällchen

Für 4 Personen ~ Zubereitungszeit: 45 Minuten ~ Kochzeit: 20 Minuten

Zutaten

1 Spitzkohl · 8–10 Kartoffeln · 1 Zwiebel · 1 Knoblauchzehe · ½ Bund Petersilie
500 g Hackfleisch, gemischt · ½ TL Fenchelsaat · ½ TL geriebene Zitronenschale
1 Ei · 2 EL Semmelbrösel · Salz · Pfeffer · 1 EL Butterschmalz
500 ml Gemüsebrühe · 3 EL Öl

Zubereitung

1. Spitzkohl wie beschrieben putzen und in Streifen schneiden. Kartoffeln schälen, waschen und in feine Scheiben schneiden. Zwiebel und Knoblauch schälen und fein würfeln. Petersilie waschen, trocken schütteln und fein hacken.

2. Hackfleisch mit Fenchelsaat, Knoblauch, Zitronenschale, Ei und Semmelbröseln gut mischen, salzen und pfeffern. Aus der Hackmasse walnussgroße Klößchen formen.

3. Das Butterschmalz in einem Topf auslassen und die Zwiebel mit den Kartoffeln darin unter Rühren etwa 3 Minuten andünsten. Kohl dazugeben und kurz andünsten. Gemüsebrühe dazu gießen und das Ganze mit geschlossenem Deckel bei mittlerer Hitze 10 Minuten köcheln lassen, ggf. noch etwas Wasser oder Brühe nachgießen. Währenddessen das Öl in einer Pfanne erhitzen und die Klößchen darin etwa 3 Minuten rundherum anbraten. Dann zum Eintopf geben und weitere 5 Minuten fertig garen.

Spitzkohl mit Fisch

Für 4 Personen ~ Zubereitungszeit: 35 Minuten ~ Kochzeit: 30 Minuten

Zutaten

500 g Kartoffeln · 1 Spitzkohl · 1 Zwiebel · 1 EL Butterschmalz · Salz · Pfeffer
1 TL Kümmelsaat · 750 ml Gemüsebrühe · 4 Schellfischfilets, je 200 g · 2 EL Mehl
3 EL Öl · Einige Spritzer Zitronensaft · 1 EL frische Kresse

Zubereitung

1. Kartoffeln schälen, waschen und in Scheiben schneiden. Spitzkohl putzen und in nicht zu feine Streifen schneiden. Zwiebel schälen und würfeln. Butterschmalz in einem Topf erhitzen. Zwiebel und Kartoffeln darin kurz andünsten. Spitzkohl zufügen und kurz anschmoren. Mit Salz, Pfeffer und Kümmel würzen. Brühe angießen und das Ganze mit geschlossenem Deckel bei mittlerer Hitze 30 Minuten garen.

2. Währenddessen den Fisch waschen und trocken tupfen. Das Mehl mit einem Teelöffel Salz mischen und die Fischfilets darin wenden, überschüssiges Mehl abklopfen. Das Öl in einer Pfanne erhitzen und die Filets darin von beiden Seiten 3–4 Minuten braten. Mit Salz und Pfeffer würzen und mit einigen Tropfen Zitronensaft beträufeln. Spitzkohlgemüse und Fischfilets auf Tellern anrichten und mit Kresse bestreut servieren.

Pikanter Spitzkohlauflauf

Für 4 Personen ~ Zubereitungszeit: 50 Minuten ~ Kochzeit: 55–60 Minuten

Zutaten

600 g Kartoffeln · 1 Spitzkohl · Salz · 50 g Butter · 50 g Mehl · 600 ml Milch 1 Lorbeerblatt · Pfeffer · 1 EL Öl · 100 g geräucherte Speckwürfel · ½ TL geriebene Zitronenschale · 30 g geriebener Parmesan · 40 g kleine Kapern + 3 EL Lake 1 EL gehackte Petersilie

Außerdem

Butter für die Auflaufform · 30 g Butterflöckchen

Zubereitung

1. Kartoffeln waschen und in der Schale wie gewohnt zu Pellkartoffeln garkochen. Abgießen, mit kaltem Wasser abschrecken und noch warm pellen. Die Kartoffeln ausdampfen lassen und anschließend in Scheiben schneiden.

2. Vom Spitzkohl etwa zehn bis zwölf äußere Blätter vorsichtig vom Strunk lösen und waschen, die harten Blattrippen keilförmig herausschneiden. Den restlichen Kohl putzen und in feine Streifen schneiden. Die Spitzkohlblätter in kochendem Salzwasser kurz blanchieren und abtropfen lassen.

3. Butter in einem Topf auslassen und Mehl unterrühren. Unter Rühren mit dem Schneebesen nach und nach die heiße Milch einrühren. Kurz aufkochen lassen, das Lorbeerblatt dazugeben, mit Salz und Pfeffer würzen und die Soße bei milder Hitze etwa 15 Minuten sanft köcheln lassen, dabei öfter umrühren.

4. Öl in einer Pfanne erhitzen und die Speckwürfel knusprig braten. Die Spitzkohl-Streifen dazugeben und etwa 3 Minuten bei mittlerer Hitze dünsten, ggf. etwas Wasser dazugeben. Die Kartoffeln mit Spitzkohl-Streifen, Zitronenschale, Käse, Speckwürfeln und Kapern mit der Lake in die Soße geben. Das Lorbeerblatt entfernen, rühren und mit Salz abschmecken.

5. Backofen auf 180° C vorheizen. Eine mit Butter eingefettete Auflaufform mit Spitzkohlblättern leicht überlappend auslegen, die Kartoffel-Kohl-Masse einfüllen, die überlappenden Blätter einschlagen und mit den restlichen Kohlblättern bedecken. Den Auflauf 30 Minuten backen. Die Butterflöckchen auf dem Auflauf verteilen und weitere 10–15 Minuten garen. Auflauf aus dem Ofen nehmen, kurz abkühlen lassen. Mit Petersilie bestreut servieren.

Weißkohl

Das Wintergemüse Weißkohl ist eine der am meisten angebauten Kohlarten in Europa. Der in deutschen Märkten angebotene, süßlich schmeckende Kohl kommt zu 90 Prozent aus heimischem Anbau.

WORAUF SIE BEI IHREM EINKAUF ACHTEN SOLLTEN

Der Kohlkopf sollte sich fest anfühlen. Die Außenblätter müssen knackig-frisch sein und dürfen keine dunklen Flecken haben. Dass die Blätter frisch sind, erkennen Sie daran, dass diese brechen, wenn man sie biegt. Weißkohl hält sich etwa zehn Tage im Kühlschrank. Er kann klein geschnitten sowohl roh als auch blanchiert eingefroren werden.

WEISSKOHL PUTZEN

Die äußeren Blätter entfernen, den Kohl vierteln, dabei den Strunk herauslösen und die Kohl-Viertel in Streifen schneiden. Den klein geschnittenen Weißkohl waschen und in einem Sieb abtropfen lassen. Bei der Zubereitung ganzer Kohlblätter trennen Sie diese vom Kohl ab und schneiden die dicken Rippen heraus. Unter Umständen muss der ganze Kohlkopf auch blanchiert werden, damit sich die Blätter besser ablösen lassen. Dazu reichlich Wasser in einem großen, hohen Topf aufkochen und den Kohl darin kurz blanchieren. Dann die Blätter abschneiden, diesen Vorgang wiederholen, bis sich die gewünschte Anzahl an Blättern löst.

Deftiger Weißkohleintopf

Für 4 Personen ~ Zubereitungszeit: 35 Minuten ~ Kochzeit: etwa 2 Stunden

Zutaten

1 Weißkohl · 5 Zwiebeln · 750 g Rindergulasch · 2–3 EL Öl · Salz · Pfeffer Paprikapulver · 2 EL Tomatenmark · Gemüsebrühe · 200 ml Schmand 1 TL Kümmel · 1 EL gehackte Petersilie

Zubereitung

1. Zwiebeln schälen und in Würfel schneiden. Weißkohl putzen und in 2 cm breite Streifen schneiden. Das Fleisch waschen und trocken tupfen.

2. Öl in einem großen Topf erhitzen und darin das Fleisch portionsweise rundherum scharf anbraten. Kräftig mit Salz, Pfeffer und Paprikapulver würzen. Zwiebeln hinzufügen und anrösten. Tomatenmark unterrühren und kurz anrösten. Die Brühe aufgießen und mit geschlossenem Deckel bei kleiner Hitze etwa 1,5 Stunden garen.

3. Weißkohl zum Gulasch geben und weitere 30 Minuten kochen. Schmand und Kümmel in den Eintopf geben, unterrühren und evtl. nochmals nachwürzen. Den Eintopf auf tiefe Teller portionieren und mit Petersilie bestreut servieren.

Weißkohlgemüse mit Wurst

Für 4 Personen ~ Zubereitungszeit: 30 Minuten ~ Kochzeit: etwa 15 Minuten

Zutaten

1 Weißkohl · 2 Zwiebeln · 3 Möhren · 400 g Fleischwurst · 1 EL Butter
Salz · Pfeffer · 1 TL Kümmel · 1 EL Öl · 1 EL gehackte Petersilie

Zubereitung

1. Den Kohl putzen und in Streifen schneiden. Zwiebeln schälen, halbieren und in feine Streifen schneiden. Möhren waschen, schälen und schräg in dünne Scheiben schneiden. Fleischwurst von der Pelle befreien und in 0,5 cm dicke Scheiben schneiden.

2. Die Butter in der Pfanne zerlassen und Zwiebeln, Kohl und Möhren darin bei mittlerer Hitze 5 Minuten dünsten, mit Salz, Pfeffer und Kümmel würzen und mit geschlossenem Deckel etwa 10–15 Minuten garen.

3. Das Öl in einer Pfanne erhitzen und die Fleischwurst darin auf beiden Seiten braun anbraten. Anschließend zum Kohl geben und untermischen. Weißkohlgemüse mit Wurst auf Tellern anrichten und mit Petersilie bestreut servieren. Dazu schmecken Salz- oder Bratkartoffeln.

Weißkohlrouladen

Für 4 Personen ~ Zubereitungszeit: 40 Minuten ~ 40–50 Minuten

Zutaten

1 großer Weißkohl · Salz · 4 Zwiebeln · 600 g Hackfleisch
4 EL Semmelbrösel · 2 Eier · 1 EL gehackte Petersilie · Pfeffer · 2 EL Butterschmalz
300 ml Gemüsebrühe · 100 ml Crème fraîche · Mehlbutter

Außerdem

Küchengarn

Zubereitung

1. Zum Lösen der Weißkohlblätter den Kohl in heißes Salzwasser legen und kurz darin ziehen lassen. Vorsichtig etwa zwölf Blätter vom Strunk ablösen, gut trocken tupfen und die dicken Blattrippen mit einem Messer keilförmig herausschneiden.

2. Zwiebeln schälen, in kleine Würfel schneiden, die Hälfte zum Hackfleisch geben und mit Semmelbröseln, Eiern, Petersilie, Salz und Pfeffer gut kneten. Je nach Größe der Blätter jeweils zwei bis drei Kohlblätter zusammenlegen und die vorbereitete Hackfleischfüllung darauf verteilen. Blattränder einschlagen, Blätter aufrollen. Rouladen kreuzweise mit Küchengarn umwickeln.

3. Das Schmalz in einem Bräter erhitzen und die Kohlrouladen darin rundum hellbraun anbraten. Die übrigen Zwiebeln dazugeben und kurz anrösten. Mit der Brühe ablöschen und bei geschlossenem Deckel bei mittlerer Hitze 40–50 Minuten schmoren. Die Rouladen aus dem Topf nehmen und warm halten.

4. Die Flüssigkeit erneut aufkochen lassen, Hitze reduzieren, Crème fraîche einrühren und 2 Minuten köcheln lassen. Mit Salz und Pfeffer abschmecken und mit der Mehlbutter binden. Die Kohlrouladen auf Tellern anrichten, mit etwas Sauce begießen. Die übrige Sauce separat reichen.

Tipp

Aus dem übrigen Weißkohl können Sie Gemüse zubereiten. Dazu den Kohl in Streifen schneiden (Strunk entfernen) und mit einer gewürfelten Zwiebel in Butterschmalz anrösten. Etwas Wasser oder Brühe angießen. Mit Kümmel, Salz und Pfeffer würzen. Einige Minuten köcheln lassen und servieren.

Wirsing

Wirsing, dessen Kopf nicht so fest ist wie der von Weiß- oder Rotkohl, aber dennoch knackig, besticht vor allem durch seinen zarten Geschmack. Die Herbst- und Wintersorten haben allerdings ein stärkeres Aroma als der eher milde Frühwirsing.

WORAUF SIE BEI IHREM EINKAUF ACHTEN SOLLTEN

Die Blätter müssen knackig und frisch sein und dürfen keine dunklen Flecken haben, die Schnittstelle sollte saftig wirken. Ein gutes Zeichen ist es, wenn sich der Kohlkopf locker öffnen lässt und leicht raschelt, wenn er geschüttelt wird. Bei der Lagerung von Wirsing kommt es auf Früh- oder Spätsorten an. Frühsorten sind bis zu drei Tage im Kühlschrank haltbar, Spätsorten bis zu einer Woche. Wirsing vor dem Einfrieren blanchieren.

WIRSING PUTZEN

Wie auch bei den anderen Kohlköpfen zuerst die äußeren Blätter abschneiden. Für die Weiterverarbeitung als Gemüse den Kopf halbieren bzw. vierteln, den Strunk anschneiden und die Kohl-Viertel in Stücke bzw. in Streifen schneiden. Waschen und in einem Sieb abtropfen lassen. Werden ganze Blätter verarbeitet, bitte genau wie beim Weißkohl verfahren.

Wirsing-Quiche

Für 4 Personen ~ Zubereitungszeit: 35 Minuten ~ Backzeit: 35–40 Minuten

Zutaten für den Teig

250 g Mehl · 125 g Butter · ½ TL Salz · 1 Ei

Zutaten für den Belag

350 g Wirsing · 2 Zwiebeln · 1 EL Öl · 100 g geräucherte Speckwürfel · 1 EL Gänseschmalz
1 TL Kümmel · Salz, Pfeffer · 3 Eier · 200 g Schmand · Muskatnuss · 2 EL gehackte Petersilie

Außerdem

Klarsichtfolie · Mehl für die Arbeitsfläche · 1 Tarteform, 24 cm

Zubereitung

1. Aus den Teigzutaten einen glatten Teig zubereiten. Zu einer Kugel formen und in Klarsichtfolie gewickelt 30 Minuten kaltstellen. Während dieser Zeit den Wirsing putzen und in feine Streifen schneiden. Zwiebeln schälen, fein würfeln.

2. Teig auf einer leicht bemehlten Arbeitsfläche rund ausrollen. Tarteform mit Butter fetten und mit dem Teig auslegen. Den Teigboden mehrmals mit einer Gabel einstechen, leicht mit Mehl bestäuben und abgedeckt erneut 20 Minuten kaltstellen.

3. In dieser Zeit das Öl in einem Topf erhitzen und die Speckwürfel darin knusprig auslassen. Herausnehmen und beiseitestellen. Gänseschmalz in dem Topf auslassen und die Zwiebeln darin glasig andünsten. Kohl mit Kümmel zugeben und bei mittlerer Hitze 10 Minuten dünsten. Anschließend den Speck zufügen, mit Salz und Pfeffer würzen.

4. Backofen auf 200° C vorheizen. Gemüse in die Tarteform füllen und glattstreichen. Eier mit Schmand verquirlen, mit Salz, Pfeffer und frisch gemahlener Muskatnuss würzen und auf das Gemüse gießen. Im Backofen auf der untersten Einschubleiste etwa 35–40 Minuten garen. Vor dem Servieren etwas abkühlen lassen und dann mit Petersilie bestreut in der Form zu Tisch bringen.

Wirsinggemüse Rheinische Art

Für 4 Personen ~ Zubereitungszeit: 35 Minuten ~ Kochzeit: 20 Minuten

Zutaten

1 Wirsing · 500 g Kartoffeln · 2 Zwiebeln · Salz · 3 EL Butter · 1 EL Öl
80 g geräucherte Speckwürfel · Pfeffer

Zubereitung

1. Wirsing putzen und in Streifen schneiden. Kartoffeln schälen, waschen und in grobe Stücke schneiden. Zwiebeln schälen und in feine Würfel schneiden. Die Kartoffeln in Salzwasser in etwa 20 Minuten garkochen.

2. In einem großen Topf zwei Esslöffel Butter auslassen und den Wirsing darin andünsten. Evtl. etwas Wasser angießen und den Wirsing bei geschlossenem Deckel etwa 15 Minuten schmoren lassen.

3. In einer Pfanne das Öl erhitzen und den Speck darin kross anbraten. Zwiebeln dazugeben und goldbraun rösten. Kartoffeln abgießen und mit der übrigen Butter nicht zu fein stampfen. Den Wirsing mit dem Mixstab fein pürieren, mit den Kartoffeln mischen und mit Salz und Pfeffer abschmecken. Die geröstete Zwiebel-Speck-Mischung unterheben und sofort servieren.

Wirsingrahmsuppe

Für 4 Personen ~ Zubereitungszeit: 45 Minuten ~ Kochzeit: etwa 20 Minuten

Zutaten

1 Wirsing · 1 Zwiebel · 200 g Kartoffeln · 3 EL Öl · Gemüsebrühe
250 ml Sahne · Salz · Pfeffer · 1 TL Zitronensaft

Zubereitung

1. Wirsing putzen und in Streifen schneiden. Zwiebel schälen und würfeln. Kartoffeln schälen und grob würfeln. Öl in einem Topf erhitzen und die Zwiebel darin glasig dünsten. Wirsing und Kartoffel zugeben und 2 Minuten andünsten. Gemüsebrühe und Sahne zugeben und kräftig mit Salz und Pfeffer würzen.

2. Aufkochen und bei mittlerer Hitze mit geschlossenem Deckel etwa 20 Minuten garen. Die Suppe mit dem Mixstab pürieren, mit Zitronensaft und evtl. Salz und Pfeffer abschmecken.

Schwarzwurzeln

Schwarzwurzeln (Skorzenenwurzel, Winterspargel) stammen vermutlich ursprünglich aus dem Mittelmeerraum. Es gibt mehr als 30 verschiedene Sorten hierzulande. Sie haben viel Vitamin E, viele Ballaststoffe und viel für Diabetiker wichtiges Inulin.

WORAUF SIE BEIM EINKAUF ACHTEN SOLLTEN

Frische Schwarzwurzeln haben eine unbeschädigte Schale, die gleichmäßig gefärbt sein sollte. Wenn Milchsaft austritt, vom Kauf absehen.

SCHWARZWURZELN PUTZEN

Die ungeschälten Stangen kurz in kochendes Salzwasser geben. So fällt das Schälen leichter und es tritt weniger Milchsaft aus. Die geschälten Stangen in Essigwasser mit etwas Mehl geben, denn so verfärben sie sich nicht.

TIPPS

Die geschälten Stangen fünf Minuten in kochendem Salzwasser blanchieren. Dann in 3 – 5 cm große Stückchen schneiden, ggf. noch einmal der Länge nach halbieren und im Salat oder als Rohkost genießen. Die Garzeit beträgt zwischen 20 und 30 Minuten, je nachdem wie bissfest sie sein sollen. Schwarzwurzeln sind im Supermarkt ganzjährig verfügbar, haben allerdings durch das Kochen einen Teil ihrer Nährstoffe eingebüßt.

Überbackene Schwarzwurzeln mit Käsesauce

Für 4 Personen ~ Zubereitungszeit: 30 Minuten ~ Kochzeit: 45 Minuten

Zutaten

1000 g Schwarzwurzeln, frische · 40 g Butter · 250 g Kochschinken
1 Zwiebel · 2 Knoblauchzehen · 30 g Mehl · 125 ml Sahne · 125 ml Schwarzwurzelbrühe
1 Eigelb · 75 g Käse, gerieben · Salz · Pfeffer · Muskat

Zubereitung

1. Schwarzwurzeln (ggf. in Einweghandschuhen) putzen und schälen. Sofort in Essig- oder Zitronenwasser legen, da sie sich sonst braun verfärben. In Salzwasser 25 Min. kochen. Dann abgießen, davon 125 ml auffangen und beiseitestellen.

2. Eine Auflaufform mit 5 g Butter einfetten. Die Hälfte des gekochten Schinkens einlegen, darauf die gekochten Schwarzwurzeln geben und mit dem restlichen Schinken abschließen.

3. In der restlichen Butter die gehackte Zwiebel und den gepressten Knoblauch andünsten, dann das Mehl darin kurz rösten. Sahne und Schwarzwurzelbrühe dazugeben und zu einer sämigen Sauce einkochen. Mit Salz, Pfeffer und Muskatnuss würzen.

4. Etwas Sauce abnehmen, mit dem Eigelb verquirlen und unter die restliche, nicht mehr kochende Sauce ziehen. Am Schluss geriebenen Käse unter die Sauce ziehen und sie über die Schwarzwurzeln gießen. Im vorgeheizten Ofen bei 200° C ca. 20 Minuten überbacken. Dazu passen Petersilienkartoffeln.

Schwarzwurzel-Ingwer-Suppe

Für 6 Personen ~ Zubereitungszeit: 15 Minuten ~ Kochzeit: etwa 50 Minuten

Zutaten

1000 g Schwarzwurzeln · 1 EL Mehl · Essigwasser · 500 g Kartoffeln
500 ml Milch · 100 g Crème fraîche · 50 g Ingwer · 500 ml Gemüsebrühe
1 Bund Schnittlauch · Salz · Pfeffer

Zubereitung

1. Die Schwarzwurzeln waschen, schälen und mit etwas Mehl in Essigwasser legen. Die Kartoffeln schälen, waschen, in schmale Scheiben schneiden und in einen Topf geben.

2. Die Schwarzwurzeln aus dem Essigwasser nehmen, in Stücke schneiden und auf die Kartoffelscheiben legen. 500 ml Milch dazugeben, aufkochen und etwa 15 Minuten köcheln lassen. Den Ingwer schälen und fein würfeln und zu den Kartoffeln und Schwarzwurzeln geben. Mit der Gemüsebrühe aufgießen, mit Salz und Pfeffer würzen und bei schwacher Hitze ca. 30 Minuten köcheln lassen.

3. Den Schnittlauch waschen, trocknen und kleinschneiden. Die Suppe pürieren, Creme fraîche dazugeben und ca. 2 Minuten köcheln lassen. Suppe in Schüsseln anrichten und mit Schnittlauch oder zum Beispiel gerösteten Sonnenblumenkernen garnieren.

Schwarzwurzelgemüse

Für 2 Personen ~ Zubereitungszeit: 5 Minuten ~ Kochzeit: 5 Minuten

Gab es in meiner Kindheit immer im Glas, weil sie von beiden Großmüttern traditionell eingemacht wurden. Geht super-fix und schmeckt mir auch einfach mit einer Scheibe Brot – oder zwei.

Zutaten

1 Glas Schwarzwurzeln · 2 EL Butter · 1 EL Mehl · 1 Schuss Essig
50–100 ml Sahne · ½ EL brauner Zucker · 1 EL Gemüsebrühe · Salz
Pfeffer · Muskat

Zubereitung

1. Butter in einem Topf schaumig aufkochen. Mehl unter ständigem Rühren zufügen. Mit der Flüssigkeit aus dem Schwarzwurzelglas ablöschen und weiter rühren. Topf vom Herd nehmen, Sahne hinzufügen und mit Essig, Salz, Pfeffer, Brühe, Zucker und geriebener Muskatnuss abschmecken.

2. Dann die Schwarzwurzeln zufügen und vorsichtig kurz erhitzen. Dazu passen Frikadellen und Salzkartoffeln.

Pastinak

Der Pastinak stammt aus Eurasien und wurde von Menschen auch in Afrika und Amerika heimisch gemacht. Er ist außerordentlich kaliumhaltig. Schon die Römer mochten ihn gerne – und er ist auch bei Schafen und Jagdwild beliebt. Die meisten Menschen vertragen ihn problemlos, weshalb er eine beliebte Babynahrung darstellt.

WORAUF SIE BEIM EINKAUF ACHTEN SOLLTEN

Frischer Pastinak hat eine glatte und feste Schale, die unbedingt intakt sein sollte. Nehmen sie die milderen und zarteren kleineren Knollen.

PASTINAK PUTZEN

Pastinak waschen und mit einer Gemüsebürste putzen. Die Schale kann mitgegessen werden – Kopfstück und Wurzelende sollten allerdings entfernt werden. Er hält sich im Kühlschrank bis zu zwei Wochen.

TIPP

Pastinak eignet sich als Rohkost. Oder gerieben zum Salat. Oder in dünnen Scheiben aufs Sandwich.

Pastinak-Purée

Für 4 Personen ~ Zubereitungszeit: 5 Minuten ~ Kochzeit: 10 Minuten

Zutaten

750 g Pastinaken · 50 g Butter · 200 ml Schlagsahne
Salz · Pfeffer · Muskat

Zubereitung

1. Die Pastinaken schälen, in 0,5 cm dicke Scheiben schneiden und bei mittlerer Hitze in Salzwasser 3 Minuten garen. Wasser abgießen, Butter und Sahne zu den Pastinaken geben.

2. Zugedeckt bei mittlerer Hitze in 7 Minuten weichkochen. Vom Herd nehmen und pürieren. Mit Salz, Pfeffer und etwas Muskat abschmecken.

Tipp

Ein TL Sambal Oelek verwandelt das zahme Purée in ein wildes Feuer.

Pastinak-Karotten-Auflauf

Für 4 Personen ~ Zubereitungszeit: 10 Minuten ~ Kochzeit: 35 Minuten

Zutaten

500 g Pastinaken · 500 g Karotten · 2 EL Sonnenblumenöl · 2 TL Rosmarin, getrocknet Salz · Pfeffer · 50 g Butter · 2 EL Mehl · 250 ml Gemüsebrühe 200 ml Sahne · Salz · Pfeffer

Zubereitung

1. Die Pastinaken und Karotten schälen, längs in 2 cm breite Stücke schneiden. Das Öl erhitzen und das geschnittene Gemüse bissfest darin garen. Den Rosmarin dazugeben und für 2 – 3 Minuten garen.

2. Backofen auf 180° C vorheizen, die Auflaufform einfetten und das gegarte Gemüse mit dem Rosmarin in die Form geben.

3. Die Butter schmelzen, das Mehl dazugeben und für ein paar Minuten unter Rühren anschwitzen. Die Gemüsebrühe und die Sahne unter Rühren dazugeben und etwa 5 Minuten köcheln, danach mit Salz und Pfeffer abschmecken. Sauce darüber geben, die Auflaufform in den Ofen schieben und etwa 25 Minuten backen.

Geröstete Pastinaken

Für 4 Personen ~ Zubereitungszeit: 10 Minuten ~ Backzeit: 30 Minuten

Zutaten

12 kleine Pastinaken · Salz · Pfeffer

Zubereitung

1. Pastinaken schälen oder gut waschen, wenn die Schale dranbleiben soll. In gleichmäßig dicke Streifen schneiden. (Eventuelle Reste für morgen im Kühlschrank verwahren.) Backofen auf 180° C vorheizen.

2. Pastinaken auf ein mit Backpapier belegtes Blech geben und ca. 20–30 Minuten backen. Sie sollten außen nur leicht anbräunen, dort etwas kross und in der Mitte zart und saftig sein. Salzen, pfeffern und sofort servieren.

Topinambur

Topinambur stammt aus Nord- und Mittelamerika. Er (auch: sie) liefert zahlreiche Vitamine, außerordentlich viel Kalium und viele Ballaststoffe. Topinambur gedeiht fast überall, ist mittlerweile in Europa ganzjährig verfügbar und hat ein leicht nussiges bis süßliches Aroma.

WORAUF SIE BEIM EINKAUF ACHTEN SOLLTEN

Frischer Topinambur sollte sich prall und fest anfühlen, sowie keine dunklen oder grünen Stellen zeigen. Er ist auch im Kühlschrank nicht lange haltbar, am besten jedoch eingewickelt in einem feuchten Tuch.

TOPINAMBUR PUTZEN

Am besten schon beim Einkauf darauf achten, dass Topinambur möglichst von Erde befreit ist. Dann einfach gut waschen und schälen, falls das Rezept es verlangt.

TIPP

Ob mit oder ohne Schale, roh oder gegart, Topinambur lässt sich in der Küche vielseitig verwenden. Gedämpft, gekocht, gebraten, als Beilage, Puffer, Röstis oder Chips, als Zutat für eine cremige Suppe, oder als Auflauf – der Fantasie sind hier wirklich keine Grenzen gesetzt

Apfel-Topinambur-Salat

Für 4 Personen ~ Zubereitungszeit: 10 Minuten

Zutaten

400 g Topinambur · 400 g Äpfel · 1 TL Senf · 100 ml Orangensaft
50 ml Olivenöl · Salz · Pfeffer · 1 EL brauner Zucker

Zubereitung

1. Topinambur und Äpfel gut waschen, aber nicht schälen. Mit dem Messer oder einem feinen Hobel in dünne Scheiben schneiden und auf den Tellern dekorativ anrichten.

2. Die restlichen Zutaten mit einem Pürierstab mischen, bis die Sauce cremig wird. Die Sauce dann auf den Salat geben.

Topinambur-Honig-Äpfel

Für 4 Personen ~ Zubereitungszeit: 10 Minuten

Zutaten

6 Topinambur-Knollen · 4 Äpfel, z.B. Granny Smith · 2 Orangen
4 EL saure Sahne · 4 EL Honig

Zubereitung

1. Topinambur und Äpfel vierteln und grob raspeln. Orangen auspressen, Saft zu den Früchten geben und den Abrieb der Orange dazugeben.

2. Saure Sahne unterheben und mit Honig nach Wunsch süßen.

Tipp

Vorsichtig püriert eignet es sich auch als Dip.

Topi-Karotten-Puffer

Für 4 Personen ~ Zubereitungszeit: 15 Minuten ~ Kochzeit: 20–30 Minuten

Zutaten

400 g Topinambur · 300 g Karotten · 4 Eier · 2–3 EL Mehl
Salz · Pfeffer · Muskatnuss · Kümmel

Zubereitung

1. Topinambur und Karotten raspeln. Die Flüssigkeit etwas herausdrücken, z.B. durch ein Sieb.

2. Die Eier mit dem Mehl verquirlen und mit den Gemüseraspeln vermischen. Mit den Gewürzen abschmecken.

3. Die Masse portionieren und auf ein mit Backpapier belegtes Blech geben und flach drücken. Bei 180° C ca. 20 – 30 Minuten backen.

Karotten

Karotten – auch Möhre, Mohrrübe, Gelbrübe, Gelbe Rübe, Rüebli – stammen ursprünglich aus Asien und werden seit ungefähr 5000 Jahren vom Menschen kultiviert. Sie sind aus keiner Küche wegzudenken, denn sie enthalten viel Vitamin C, Carotin, Kalium und Eisen. Außerdem kann man fast alles mit ihnen anstellen, ohne dabei einen Fehler zu begehen.

WORAUF SIE BEIM EINKAUF ACHTEN SOLLTEN

Frische Karotten haben noch ihre grünen Stauden, sind fest und von gleichmäßig oranger Farbe. Sie riechen unvergleichlich, leicht süß.

KAROTTEN PUTZEN

Das Grün ggf. entfernen und die Wurzeln gut waschen. Karotten sind gut eine Woche im Kühlschrank haltbar und können auch eingefroren werden.

TIPP

Es sollte ggf. ein wenig Fett beigegeben werden, damit das Carotin besser vom Körper aufgenommen werden kann.

Karottensaft

Für 2 Personen ~ Vorbereitung: 1 Stunde ~ Zubereitungszeit: 5 Minuten

Zutaten

1000 g Karotten · 1 EL Zitrone · ½ TL Olivenöl

Zubereitung

1. Die Karotten nach einer Stunde im Kühlschrank waschen und entsaften. Zitrone und Öl hinzugeben und umrühren.

Tipp

Den Auffangbehälter mit einer Plastiktüte auslegen. Die Karottenreste eignen sich zum Kartoffelpurée.

Extra-Tipp

200–300 g Sellerie mit in den Kühlschrank, dann zusammen entsaften und die Reste zum Purée.

Butterkarotten

Für 4 Personen ~ Zubereitungszeit: 5 Minuten ~ Kochzeit: 25 Minuten

Zutaten

1000 g Karotten · 75 g Butter · 3 TL brauner Zucker · 1 TL Salz

Zubereitung

1. Die Karotten gut waschen und in dünne Scheiben hobeln.

2. Die Butter im Topf erhitzen, Zucker und Salz dazu geben. Die Karotten dazu geben, 5 Minuten lang kochen und dabei mehrfach wenden. Dann die Hitze reduzieren und die Karotten ca. 20 Minuten bei geschlossenem Deckel im eigenen Saft garen.

Karotten-Ingwer-Suppe

Für 4 Personen ~ Zubereitungszeit: 5 Minuten ~ Kochzeit: 30 Minuten

Zutaten

1000 g Karotten · 100 g Ingwer, frisch · 50 g Butter · 2 EL brauner Zucker
1000 ml Gemüsebrühe · 150 ml Kokosmilch · Salz · Pfeffer

Zubereitung

1. Die Karotten waschen und in dünne Scheiben hobeln. Den Ingwer waschen und sehr fein würfeln.

2. Karotten und Ingwer in Butter anschwitzen, dann den Zucker beigeben und karamellisieren lassen. Mit Brühe und Kokosmilch ablöschen und dann kurz aufkochen lassen. Die Suppe bei leichter Hitze etwa 20 Minuten köcheln lassen, dann auf die gewünschte Konsistenz pürieren. Mit Salz und Pfeffer abschmecken. Dazu frisches Ciabatta oder Toastbrot reichen.

Petersilienwurzel

Die Petersilienwurzel (auch: Wurzelpetersilie) stammt ursprünglich aus Europa, hat sich allerdings längst in der gesamten Welt verbreitet. Sie ist reich an Eisen und Vitamin C. Sie schmeckt intensiv, leicht süßlich und erinnert an den Pastinak.

WORAUF SIE BEIM EINKAUF ACHTEN SOLLTEN

Frische Petersilienwurzel sollte wie die Möhre hart und prall sein. Ist das Grün noch dran, gibt es Aufschluss auf die Frische. Sie sollte keine Flecken haben und nicht schrumpelig sein.

PETERSILIENWURZEL PUTZEN

Petersilienwurzel gut waschen und abtropfen lassen. Sind die Blätter noch frisch, können sie mitgegessen werden – z.B. im Saft, im Smoothie, oder in der Suppe. Petersilienwurzel ist im Kühlschrank bis zu zwei Wochen haltbar und kann problemlos eingefroren werden.

TIPP

Insbesondere die kleineren Petersilienwurzeln eignen sich als Rohkost oder gehobelt zum Salat.

Petersilienwurzel-Kartoffel-Purée

Für 4 Personen ~ Zubereitungszeit: 10 Minuten ~ Kochzeit: 20 Minuten

Zutaten

1000 g Petersilienwurzel · 1000 g Kartoffeln · 125 g Butter
Etwas Milch · Salz · Pfeffer · Muskat

Zubereitung

1. Petersilienwurzeln und Kartoffeln in 1 cm dicke Würfel schneiden und im Salzwasser 20 Minuten garkochen.

2. Das Wasser abgießen, Butter hinzugeben und unter Zugabe von Milch pürieren, bis die gewünschte Konsistenz erreicht ist. Mit Salz, Pfeffer und Muskatnuss abschmecken.

Petersilienwurzel-Suppe

Für 4 Personen ~ Zubereitungszeit: 20 Minuten ~ Kochzeit: 20 Minuten

Zutaten

*500 g Petersilienwurzeln · 500 g Kartoffeln · 2 große Karotten · 1000 ml Gemüsebrühe
200 ml Crème fraîche · Salz · Pfeffer · 2 EL Öl · etwas geraspelte Karotte*

Zubereitung

1. Petersilienwurzeln, Kartoffeln und Karotten waschen und würfeln.

2. Das Öl erhitzen und die Gemüsewürfel darin etwas andünsten. Mit der Gemüsebrühe ablöschen und die Crème fraîche hinzugeben. Das Gemüse in 10–15 Minuten weichkochen.

3. Auf die gewünschte Konsistenz pürieren, mit Pfeffer und Salz abschmecken. In Teller füllen und mit geraspelter Karotte garnieren.

Tipp

Geben Sie Croutons oder gebratene Speckwürfel auf die Suppe.

Steckrüben

Steckrüben – auch Kohlrübe, Kohlrabe, Butterrübe, Erdkohlrabi, Unterkohlrabi, Bodenkohlrabi oder Runkelrübe genannt – haben eine ungeklärte Herkunft. Heute sind sie jedoch in allen gemäßigten Klimazonen zu finden. Steckrüben enthalten viel Traubenzucker und Kalium.

WORAUF SIE BEIM EINKAUF ACHTEN SOLLTEN

Frische Steckrüben haben eine glatte Schale. Wählen Sie lieber kleinere, pralle Knollen. Trockene, schrumpelige Haut und braune Stellen sind ein Hinweis dafür, dass die Rübe nicht mehr ganz frisch ist. Untersuchen die Knolle gründlich auf Wurmlöcher.

STECKRÜBEN PUTZEN

Die Rübe sollten zunächst geschält und holzige Stellen großzügig mit einem Messer entfernt werden. Sie hält sich im Kühlschrank gute zwei Wochen.

TIPP

Die Schale nicht wegwerfen, ggf. im Kühlschrank im Glas aufbewahren und mit anderen Gemüseresten später eine Brühe daraus kochen.

EXTRA-TIPP

Steckrübe erst vor der Verwendung waschen, so bleibt sie länger frisch.

Steckrübengemüse

Für 4 Personen ~ Zubereitungszeit: 5 Minuten ~ Kochzeit: 12–14 Minuten

Zutaten

1 Steckrübe · 50 g Butter · 100 ml Sahne
Salz · Pfeffer · etwas Gemüsebrühe

Zubereitung

1. Die Steckrübe waschen, schälen und reiben.

2. Butter in einer großen Pfanne zerlassen und das Gemüse unter starker Hitze 5–7 Minuten anbraten. Dabei mehrmals umrühren, sodass es etwas Farbe annimmt, aber nicht dunkel wird.

3. Mit Salz und Pfeffer würzen, ein wenig Gemüsebrühe-Pulver und die Sahne unterrühren, dann die Hitze reduzieren. Noch etwa 5 Minuten mit geschlossenem Deckel schmoren, bis es gar ist, aber noch Biss hat.

Steckrübeneintopf

Für 4 Personen ~ Zubereitungszeit: 15 Minuten ~ Kochzeit: 35 Minuten

Zutaten

500 g Steckrüben · 500 g Kartoffeln · 200 g Zwiebeln · 250 g Karotten
2 EL Butterschmalz · Salz · Pfeffer · 700 ml Fleischbrühe · Muskat · 50 g saure Sahne
4 Mettwürstchen · 1 Bund Petersilie

Zubereitung

1. Die Steckrüben waschen, schälen und in 1,5 cm große Würfel schneiden. Die Kartoffeln schälen und ebenfalls würfeln. Die Zwiebeln schälen und vierteln. Die Karotten waschen, schälen und in Scheiben schneiden.

2. Butterschmalz erhitzen und Gemüse darin anschmoren. Salzen, pfeffern und mit Brühe ablöschen. Den Eintopf etwa 30 Minuten köcheln lassen. Mit Muskat und saurer Sahne abschmecken.

3. vor Ende der Garzeit die Würstchen zugeben und ziehen lassen. Die Petersilie waschen, trocken tupfen und hacken. Den Eintopf vor dem Servieren damit bestreuen.

Ebenfalls im Regionalia Verlag erschienen:

ISBN 978-3-95540-401-7

ISBN 978-3-95540-205-1

ISBN 978-3-95540-292-1

ISBN 978-3-939722-30-4

Jeweils 128 Seiten • 16,5 × 19,8 cm • Hardcover